불교의식 속에 감추어진 화두의 비밀

글 · 道岩 ｜ 시 · 李明子

진리의 샘터 의증서원

불교의식 속에 감추어진 화두의 비밀

목 차

머리글 · 6

서 론 · 9

1. 절의 실체 · 15

2. 예불 · 21 / 詩/촛불 · 27

3. 염불 · 29 / 詩/인생무상 · 35

4. 참선 · 37 / 詩/극락과 지옥 · 43

5. 오늘날 살아계신 부처님(생불) · 45

6. 초와 향의 실체 · 51

7. 부처님께 올리는 삼배 · 57

8. 백팔염주 · 67 /

9. 스님들이 오른쪽 어깨의 가사를 벗어
   왼쪽어깨에 걸치고 다니는 이유 · 73 / 詩/눈물 · 79

10. 삭발 · 81

11. 탁발 · 87 / 詩/교만 · 93

12. 보시 · 95

13. 목탁 · 101 / 詩/ 나그네 · 107

14. 연등 · 109

15. 방생 · 115 / 詩/감추인 악 · 123

16. 부처님의 탑묘 · 125   詩/존재 · 129

17. 부처님의 각종 형상들 · 131

18. 불교의 개안식 · 141

19. 부처님께서 말씀하시는 반야 · 147

20. 백종날과 천도제 · 157

21. 사십구제 · 165 / 詩/ 진실한 사랑 · 171

22. 법륜과 "옴마니반메훔" · 173

23. 육바라밀 · 181

24. 부처님의 생애 · 227

25. 복전함 · 251

26. 정한수   259

27. 산사의 종소리   265

의증서원 도서안내 · 270

머리글

　대자대비(大慈大悲)하신 부처님은 오늘도 변함없이 어둠이 짙어가는 사바(裟婆)세계를 향해 진리의 빛을 비추고 계시지만 대부분의 불자들이 불교의식(佛敎儀式)과 기복신앙(祈福信仰)에 치우쳐 부처님의 말씀을 외면(外面)하고 말씀에 귀를 기울이는 사람이 없다는 것은 불행한 일입니다. 그러나 지금이라도 불교의 각종의식(各種儀式)과 기복(祈福)의 틀을 벗고 부처님의 말씀을 청종(聽從)한다면 오늘날 살아계신 부처님의 생생한 음성을 듣게 될 것입니다.
　그러므로 이 책을 펼치시는 분들은 이글을 읽기 전에 먼저 나는 지금 무엇 때문에 그리고 무엇을 얻기 위해 신행생활을 하고 있는가를 먼저 생각해보아야 할 것입니다. 즉 나는 지금 부처님을 위해서 그리고 부처님의 진정한 뜻을 알고 그 뜻을 이루기 위해 신행생활(神行生活)을 하고 있는지 아니면 나를 위해서 그리고 내 뜻(욕심)을 이루기 위해서 종교생활(宗敎生活)을 하고 있는지를 생각해보아야 합니다. 왜냐하면 신행생활을 나를 위해 하거나 내 욕심을 채우기 위해 종교생활을 하고 있다면 부처님을 믿는 것이 아니라 만신을 믿는 것이나 다름이 없기 때문입니다.

그러므로 이글은 부처님의 진정한 뜻을 알기 위해 그리고 부처님의 뜻을 이루기 위해서 수행정진(修行精進)을 하는 분들을 위해서 기록한 것입니다. 때문에 이 글은 부처님의 참뜻을 찾고 그 뜻을 이루기 위해 진리를 찾는 분들에게는 하늘의 보화(寶貨)와 같이 소중하고 귀중한 글들로 신행생활이나 수행(修行)에 많은 도움이 될 것입니다. 그런데 이글을 접하시는 분들은 지금까지 쌓아놓은 고정관념(固定觀念)들을 잠시 내려놓고 청종(聽從)해야 부처님의 가호(加護)로 큰 가피(加被)를 받게 될 것입니다. 여기에 기록한 글들은 지금까지 불자들이 행하고 있는 불교의 기본이며 기초적인 각종의식과 그 의식 속에 감추어져있는 화두(話頭)의 비밀들과 그리고 부처님의 실체(實體)와 그의 생애(生涯)에 대하여 보다 분명하게 기록 하였습니다.

　때문에 이글을 읽어보시면 그동안 신행생활을 하면서 궁금하고 알 수 없었던 부처님의 진정한 뜻과 화두(話頭)의 비밀 그리고 각종의식 속에 감추어져 있는 비밀들을 확연(確然)하게 알게 될 것입니다. 저자는 이글을 읽으시는 분들이 모두 부처님의 가피(加被)로 해탈(解脫)하여 성불(成佛)하기를 부처님께 기원(祈願)하는 바입니다.

도암(道岩)

서론

불자들이 부처님의 진정한 뜻을 모른다면
부처님께 공양(供養)을 올리고 절을 하며
각종의식을 아무리 열심히 행해도
아무런 소용이 없다는 것을 알아야 합니다.

불교에는 불교가 정한 여러 의식(儀式)들이 있습니다. 때문에 오늘날 불자들은 불교의식에 따라 신행생활을 하며 절에 가서 지극 정성을 다하여 부처님께 합장공경(合掌恭敬)을 하며 예불(禮佛)을 드리고 있는 것입니다. 그런데 불자들이 드리는 예불(禮佛)을 누가 받으시는지 그리고 그 의식(儀式)들 속에 숨겨진 진정한 뜻이 무엇인지도 모르고 예불을 드리고 있는 것입니다. 왜냐하면 불자들은 지금까지 부처님의 진정한 뜻도 모르는 상태에서 전통적으로 내려오는 불교의식(佛敎儀式)에 따라 관습(慣習)처럼 행하고 있기 때문입니다.
　이렇게 불자들이 절에 가서 법당(法堂)에 모셔놓은 부처님께 초와 향에 불을 붙이고 공양(供養)을 올리며 합장(合掌)을 하고 절을 하면서도 초에 불을 왜 붙이는지, 향은 왜 태우는지 그리고 법당에 모셔놓은 부처님이 산부처인지 죽은 부처인지도 모르고 예불(禮佛)을 드리는 것입니다. 또한 불자들은 부처님께서 바라고 원하시는 진정한 뜻이 무엇인지도 모르면서 단지 부처님께 절을 하면 부처님께 복을 받아 만사(萬事)가 형통(亨通)하고 운수(運數)가 대통(大通)한다는 믿음을 가지고 절을 하며 각종의식(各種儀式)도 행하고 있는 것입니다.

그러나 불자들이 부처님의 진정한 뜻을 모른다면 부처님께 공양(供養)을 올리고 절을 하며 각종의식을 아무리 열심히 행해도 아무런 소용이 없다는 것을 알아야 합니다. 왜냐하면 부처님의 뜻대로 신행생활을 하지 않고서는 절대로 해탈이 되거나 부처가 될 수 없기 때문입니다. 그러므로 불자들은 부처님께 예불을 드리기 전에 예불은 누가 받으시는지 그리고 부처님의 진정한 뜻이 무엇인지 그리고 지금 내가 행하고 있는 의식 속에 담겨진 진정한 의미가 무엇인지를 분명히 알아야 합니다.

여기에 기록한 글들은 불자들이 지금까지 신행생활을 하면서 행하고 있는 각종의식 속에 숨겨진 화두(話頭)의 비밀을 모두 드러내었습니다. 그러므로 불자들이 이 글을 읽어보신 다면 불교의식 속에 감추어져 있던 화두의 비밀과 부처님이 바라고 원하시는 참 뜻을 보다 확실하게 알게 될 것이며 따라서 신행생활에 많은 도움이 될 것입니다.

여기에 기록된 내용들은 사람의 가르침이나 어느 서적을 보고 기록한 것이 아니며 또한 저자의 개인적인 지식이나 소견(所見)이 아니라 부처님께서 가르쳐 주시고, 깨닫게 하시어 혜안(慧眼)을 열어주셔서 알게 된 것들을 기록한 것입니다. 그러므로 이 글을 보실 때 오히려 걸림이 되거나 어려움이 있으리라 생각합니다.

    그러나 이 글들을 인내하시면서 끝까지 읽어보신다면 부처님의 참 뜻을 아는 것은 물론 열반의 세계에 감추어진 화두의 비밀을 알게 될 것이며 또한 지금의 신행생활에도 많은 도움이 될 것입니다.

1
절(寺刹)의 실체

부처님께서 말씀하시는 절이나 법당(法堂)은
불상(佛像)을 모셔놓은 건물이 아니라
진리를 깨달아 진리의 화신(化身)이 되신
부처님 자신을 말씀하고 있는 것입니다.

절(寺刹)의 실체

　절을 사찰(寺刹)이라고도 말하는데 절은 사전에 불상(佛像)을 안치(安置)하고 승려가 머물며 수도(修道)하는 곳이라 기록되어 있습니다. 그러므로 불자들은 각종 불상(佛像)을 모셔놓은 절에 가서 부처님께 절을 올리며 예불(禮佛)을 드리고 있는데 부처님을 모셔놓은 본당(本堂)을 법당(法堂)이라 부르고 있습니다.
　스님들이 부처님이 계신 본당을 법당(法堂)이라 부르는 것은 부처님은 진리를 깨달으신 진리의 본체(本體)로 부처님은 법(法)이며 곧 진리이시기 때문입니다. 그런데 부처님은 살아계신 생불(生佛)을 말하는 것이지 사람이 조각(彫刻)하여 만든 불상(佛像)을 말하는 것이 아니라는 것입니다. 이렇게 진정한 절(寺刹)은 불상을 모셔놓은 건물이 아니라 살아계신 부처님(생불) 자신을 말하고 있습니다.
　때문에 진정한 절이나 법당(法堂)은 예전이나 오늘날이나 살아계신 부처님(생불)을 말하는 것입니다. 때문에 오늘날 살아계신 부처님은 지금도 자신을 믿고 따르는 불자들을 진리의 말씀으로 가르치고 수행(修行)정진(精進)을 시켜 해탈(解脫)하여 부처를 만들고 있는 것입니다. 그런데 오늘날 절에는 살아계신 부처님이 없기 때문에 사람들이 각종 불상(佛像)들을 제작(製作)하여 절에 모셔놓고 불자들에게 부처님이라 말하고 또한 불상을 모셔놓은 본당(本堂)을 법당(法堂)이라 말하고 있는 것입니다.

그러나 사람의 손으로 제작(製作)하여 만든 부처님의 형상들은 하나의 조각품(彫刻品)일 뿐 수행불자들에게 아무런 가르침을 줄 수 없고 더욱이 해탈(解脫)을 시키거나 불자들의 생사화복(生死禍福)을 주관(主管)하지 못한다는 것입니다. 문제는 속세(俗世)의 욕심(慾心)을 버리고 해탈을 하기 위해 혹은 성불하여 부처가 되기 위해 출가(出家)하여 삭발(削髮)을 하고 스님이 되어 수행정진(修行精進)을 하고 있는 스님들이 무엇 때문에 법당(法堂)에 생기조차 없는 죽은 부처님, 곧 부처님의 각종형상을 만들어 모셔놓고 불자들에게 부처님이다, 법당(法堂)이다 하고 있느냐 하는 것입니다.

그 이유는 지금까지 불교 안에는 살아계신 부처님(생불)이 없기 때문에 스님들이 법당에 불상을 모셔놓고 불자들에게 부처님이라 하면서 진리를 왜곡(歪曲)하며 기복(祈福)을 강조하고 있는 것입니다. 그럼에도 불구하고 이러한 사실을 모르는 불자들은 지금도 부처님의 형상(形象)을 모셔놓은 법당(法堂)에 들어가서 만사형통(萬事亨通)의 복을 받기위해 지극정성으로 예불(禮佛)을 드리며 시주(施主)와 공양(供養)을 드리며 열심히 신행생활을 하고 있는 것입니다. 그러나 부처님은 예전이나 지금이나 한 결 같이 불자들에게 이러한 욕심, 즉 탐(貪), 진(瞋), 치(癡)를 모두 버리고 해탈(解脫)하여 부처가 되라고 말씀하고 있습니다. 때문에 오늘날 스님들이나 불자들이 올바른 신행생활을 하여 부처가 되려면 반드시 오늘날 살아계신 부처님을 찾아서 그의 가르침을 받고 수행(修行)을 해야 합니다.

　이와 같이 부처님께서 말씀하시는 절이나 법당(法堂)은 불상(佛像)을 모셔놓은 건물이 아니라 진리를 깨달아 진리의 화신(化身)이 되신 부처님 자신을 말씀하고 있는 것입니다. 그러므로 불자들이 오늘날 살아계신 생불을 찾아서 그의 가르침을 받고 수행정진(修行精進)을 한다면 반드시 해탈(解脫)하여 부처가 될 것입니다.

2
예불(禮佛)

반야(般若)께서 예불을 통해서
원하시고 바라시는 제물은
곡식이나 과일이나 꽃들이 아니라
부처님의 말씀으로 변화된 불자들의 마음입니다.

예불(禮佛)

　예불은 불교사전에 합장(合掌)공경(恭敬)하여 부처님을 예배하는 것이라 기록되어 있습니다. 또한 예배는 부처님을 공경(恭敬)하는 마음으로 두손을 합장(合掌)하고 부처님께 엎드려 절하는 것이라 말하고 있습니다. 이렇게 불자들은 예불이 단순히 부처님께 두 손을 합장(合掌)하고 절을 올리는 것이라 생각하고 열심히 절을 올리고 있는 것입니다. 그러나 불자들은 예불(禮佛)을 드리는 대상이 누구인지 그리고 부처님께서 드리라는 예불의 진정한 뜻이 무엇인지도 모르면서 단지 부처님께 예불을 드리면 부처님께서 자신을 지켜주고 복을 주신다는 막연한 믿음으로 절을 하며 예불을 드리고 있는 것입니다. 그런데 진정한 예불(禮佛)은 부처님을 통해서 시대신(是大神)이신 반야(般若)님께 드려야 하는 것입니다.
　왜냐하면 석가모니 부처님은 무명의 중생이 시대신(是大神)이신 반야를 통해서 진리를 깨달아 부처가 되신 분이지 본래 부처는 물론 시대신(是大神)이신 반야(般若)가 아니기 때문입니다. 이렇게 불자들이 예불을 드려야 하는 신

(神)은 부처님이 아니라 시대신(是大神)이신 반야(般若)이십니다.

부처님께서 말씀하시는 반야(般若)는 시대신(是大神)이시며 시대명(是大明)이시며 시무상(是無上)으로 곧 브라만이시며 창조(創造)의 신(神)이라 말씀하고 있는데 이 반야(般若)를 기독교에서는 하나님이라 말씀하고 있는 것입니다. 때문에 부처님이 말씀하시는 시대신(是大神)이신 반야(般若)는 인간들의 생사화복(生死禍福)은 물론 우주만물(宇宙萬物)과 부처님들을 창조(創造)하시고 주관(主管)하시는 절대신(絶對神)을 말씀하고 있는 것입니다. 때문에 불자들은 부처님을 통해서 오직 시대신(是大神)이신 반야(般若)께 예불(禮佛)을 드려야 하는 것이며 부처님께 직접 예불을 드려서는 안 되는 것입니다. 이것은 기독교인들이 하나님께 예배를 드리거나 기도를 하려면 반드시 예수님을 통해서 드리는 것과 같은 것입니다. 이렇게 예불을 받으시는 분은 부처님이 아니라 시대신(是大神)이시며 삼세제불(三世諸佛)이신 반야(般若)이신데 반야(般若)를 기독교에서는 하나님이라 말하고 있을 뿐 동일한 유일신을 말씀하고 있는 것입니다. 이렇게 불자들이 반야(般若)께 드려야 하는 예불(禮佛)을 예배(禮拜)라고도 말하는데 예배(禮拜)는 곧 제사

(祭祀)를 말하고 있습니다. 그런데 시대신(是大神)이신 반야(般若)에게 제사를 드리려면 반드시 제물(祭物)이 있어야 합니다.

왜냐하면 제물(祭物)이 없는 제사(祭祀)란 있을 수 없고 또한 제물(祭物)이 없으면 반야(般若)께서 제사(祭祀)를 받지도 않으시기 때문입니다. 때문에 불자들이 제사(祭祀)를 드리려면 정한 수를 떠서 제단(祭壇)에 올려놓고 곡식이나 과일 혹은 꽃들을 준비하여 제물(祭物)로 드리고 있는 것입니다. 그러나 이렇게 정성을 다해 준비한 제물(祭物)을 날마다 부처님께 드리고 예불(禮佛)을 드리지만 지금까지 해탈(解脫)이 되어 부처가 된 사람이 단 한사람도 없다는 것입니다.

이것은 지금까지 스님들이나 불자들이 시대신(是大神)이신 반야(般若)를 모르고 있으며 또한 반야께서 원하시는 제물이 무엇인지도 모르고 드리기 때문입니다. 반야(般若)께서 원하시고 바라시는 제물은 곡식이나 과일이나 꽃들이 아니라 부처님의 말씀으로 변화된 불자들의 마음입니다. 즉 시대신(是大神)이신 반야(般若)는 부처님의 말씀을 통해서 변화된 자신, 즉 해탈(解脫)된 마음을 제물(祭物)로 받으신다는 것입니다.

석가모니 부처님이 해탈(解脫)하여 부처가 되신 것은 반야(般若)를 통해 변화된 자신(마음)을 날마다 제물(祭物)로 드렸기 때문에 결국 해탈(解脫)하여 부처가 되신 것입니다. 그러므로 오늘날 불자들도 해탈(解脫)하여 부처가 되려면 곡식이나 과일이나 꽃만 드리지 말고 부처님의 말씀을 통해서 자신의 마음을 부처님의 마음으로 변화 받아야 하며 변화된 자신을 반야께 제물(祭物)로 드려야 하는 것입니다.

이렇게 불자들이 부처님의 말씀을 통해서 시대신(반야)께서 원하시는 산 제물(祭物)로 산 제사를 드린다면 언젠가는 해탈이 되어 부처가 될 것입니다.

촛불

자신을
태우지 않고는
불을 밝힐 수 없고
자신의
희생과 죽음이 없이는
어둠을 밝힐 수 없어라
희생하기 싫어도
어둠을 밝히기 위해
사라져 가며
그대의
온 몸을 태워 가는 날
그대의
어둠을 밝혀 주리라

3
염불(念佛)

부처님께서는 염불(念佛)을 하라는 것은
부처님의 진정한 뜻을 알기위해서
그리고 부처님의 말씀을 깨닫기 위해서
염불(念佛)을 하라는 것입니다.

염불(念佛)

  절에 가면 스님이 불자들과 함께 법당(法堂)에 앉아 예불(禮佛)의식(儀式)에 따라 목탁소리에 맞추어 염불(念佛)하는 모습을 볼 수가 있습니다. 염불(念佛)은 불교 사전에 부처님의 공덕(功德)이나 상(相)을 마음에 떠올리며 생각하는 것이라 기록되어있습니다. 때문에 스님들이 법당(法堂)에서 불공(佛供)을 드릴 때 아미타 부처님이나 관세음(觀世音)부처님 그리고 석가모니(釋迦牟尼)부처님을 생각하며 부르거나 반야심경(般若心經)을 독송(讀誦)하고 있는 것입니다. 문제는 이렇게 스님들이나 불자들이 불공(佛供)을 드릴 때 부처님을 부르고 반야심경(般若心經)을 독송(讀誦)하며 염불(念佛)을 하고 있지만 지금까지 부처님의 실체가 무엇인지 반야심경에 담긴 부처님의 뜻이 무엇인지도 모르고 있다는 것입니다.

  왜냐하면 스님들은 염불의 진정한 의미도 모르는 상태에서 불교의식을 행하고 있는 것이며 또한 염불(念佛)을 하면 부처님의 가피(加被)를 받을 수 있다는 생각으로 마치 주문(呪文)처럼 중언부언(重言復言)하며 염불(念佛)을 하기 때문입니다. 이렇게 불자들이 스님을 따라서 염불을 하는 것은 단지 염불(念佛)을 열심히 하면 부처님의 가피(加被)로 복을 받을 수 있다는 막연한 생각으로 하고 있는 것입니다. 이렇게 부처님의 뜻도 모르고 습관적으로 하는 염불(念佛)을 공염불(空念佛)이라 말하는 것입니다. 그러므로 염불을 올바로 하려면 부처님께서 하라는 염불의 뜻을 올바로 알고 해야 합니다. 부처님께서는 염불(念佛)을 하라는 것은 부처님의 진정한 뜻을 알기위해서 그리고 부처님의 말씀을 깨닫기 위해서 염불(念佛)을 하라는 것입니다.

그런데 이러한 부처님의 뜻을 모르기 때문에 스님들은 지금까지 불교의식에 따라 부처님만 부르며 공염불(空念佛)을 하고 있는 것입니다. 그러므로 스님들이 예불(禮佛)을 드릴 때 마다 수천 년 동안 부처님을 부르고 반야심경(般若心經)을 독송(讀誦)하며 염불을 하고 있지만 반야심경(般若心經) 속에 감추어져 있는 부처님의 진정한 뜻을 지금도 모르고 있는 것입니다. 더욱 안타까운 것은 반야심경의 내용은 물론 반야심경이 시작되는 반야(般若)의 실체도 모르고 단순히 지혜(智慧)라고만 알고 있을 뿐입니다.

염불(念佛)은 부처님의 말씀을 알기 위해 그리고 말씀의 진정한 뜻을 깨닫기 위해서 해야 하는 것입니다. 그래서 어떤 스님들은 부처님의 말씀 한마디 혹은 한 단어를 붙잡고 그 뜻을 깨닫기 위해 평생 동안 염불(念佛)을 하는 것입니다. 이렇게 부처님의 말씀을 붙잡고 주야(晝夜)로 말씀을 묵상(默想)하며 염불을 열심히 하면 언젠가는 말씀을 깨닫게 되고 말씀을 깨달으면 혜안(慧眼)이 열려 열반(涅槃)의 세계를 보게 되는 것입니다.

그러므로 스님들이나 불자들은 불교(佛敎)의식(儀式)에 따라 공염불(空念佛)만 하지 말고 부처님의 말씀을 붙잡고 말씀을 깨닫기 위해서 염불(念佛)을 해야 하는 것입니다. 그러면 언젠가는 부처님의 가피(加被)로 말씀을 깨달아 혜안(慧眼)이 열리게 될 것입니다. 스님들이나 불자들이 예불(禮佛)을 드릴 때 항상 반야심경을 독송(讀誦)하고 있지만 부처님이 오신지 약 이천육백 년이 지난 지금까지 반야심경(般若心經)을 해독(解讀)하지 못하고 있는 것은 공염불(空念佛)만 하고 있기 때문입니다.

사람들이 하는 말 중에 "중이 염불(念佛)에는 관심이 없고 젯밥에만 가있다"는 말이 있습니다. 이것은 염불(念佛)하는 목적이 부처님의 뜻이나 말씀을 깨닫기 위해서 하는 것이 아니라 자신의 목적, 즉 욕심을 채우기 위해서 한다는 것입니다. 때문에 스님들이 수십 년 동안 염불(念佛)

을 하고 있지만 아직도 부처님의 뜻이나 반야심경(般若心經)의 진정한 뜻을 모르고 있는 것입니다.

그러므로 이제부터 스님들이나 불자들은 염불(念佛)을 할 때 부처님의 말씀을 단 한마디라도 알고 깨닫기 위해서 해야 합니다. 그러면 언젠가는 부처님의 말씀을 깨닫게 될 것이며 따라서 혜안(慧眼)도 열리게 될 것입니다.

인생무상

욕망으로 사로잡혔던
허수아비 인생
시절을 쫓아 끌려 다니며
만족하지 못한 생의 바퀴속에서
늘어진 불평과 불만의 불꽃을 튕기며
불꽃놀이 하던 때가 엊그제

타다만 잿더미 속에
이리저리 뒹굴며 발 끝에 채이다가
작은 불씨 하나 만나서
모두 태워버리고
이제야 잿가루되어
불어오는 바람에 흩날리고
욕정의 자취도 그림자도 사라져버리고
텅빈 자리에 다가온
소리없는 그대 고요하여라.

4
참선(參禪)

참선수행(參禪修行)은
자신의 존재를 깨닫기 위해 혹은
자아(自我)를 발견하기 위해 행하는 수행(修行)입니다.

참선(參禪)

　참선(參禪)은 수행의 일종으로 수행자들이 승단이나 조용한 장소를 찾아 가부좌(跏趺坐) 자세를 하고 명상(冥想)하는 것을 말합니다. 참선은 가부좌(跏趺坐) 자세를 하고 앉아서 명상을 하기 때문에 좌선수행(坐禪修行)이라고도 합니다. 염불(念佛)은 소리를 내며 수행(修行)하는 것이라면 참선(參禪)은 소리 없이 마음으로 하는 수행(修行)이라 할 수 있습니다. 때문에 염불은 사찰(寺刹)에서 불공(佛供)을 드리면서 소리를 밖으로 내며 하는 것이며 참선(參禪)은 중생들의 출입이 차단(遮斷)된 특정한 장소에서 묵묵(默默)히 마음으로 하는 수행을 말합니다.

　그런데 염불(念佛)은 지옥계의 중생들이 복을 받으려고 행하는 것이지만 참선(參禪)은 아귀계(餓鬼界)와 축생계(畜生界)의 수행을 마치고 수라계를 거쳐 인간계로 들어간 인간들이 선정수행(禪定修行)을 하는 것인데 참선수행(參禪修行)은 자신의 존재를 깨닫기 위해 혹은 자아(自我)를 발견하기 위해 행하는 수행(修行)입니다. 왜냐하면 수라계의 존재들은 자신이 무상(無相)한 존재라는 것을 깨달아야 자아(自我)를 버리고 무아가 되어 인간계로 들어 갈 수 있기 때문입니다. 즉 참선(參禪)은 지금까지 쌓아놓은 상(相)들을 버리고 탐(貪), 진(瞋), 치(癡)로 더러워진 마음을 씻고 무아(無我)가 되기 위해서 하는 수행(修行)을 말하는 것입니다. 이렇게 참선(參禪)은 아무나 할 수 있는 수행이 아니라 인간계의 차원에 이른 수행자들만이 할 수 있는 것입니다. 때문에 아직 지옥계나 아귀계 그리고 축생계에 있는 자들은 아무리 오랫동안 염불(念佛)을 하고 참선(參禪)을 해도 부처님의 뜻이나 말씀을 깨닫지 못하는 것입니다.

　이처럼 수행불자들이 말씀을 깨닫기 위해 깊은 산사(山寺)에 들어가 수년 혹은 수십 년 동안 참선수행(參禪修行)을 하지만 결국은 깨닫지 못하고 하산(下山) 하는 것을 볼 수 있습니다. 이것은 참선(參禪)이 수행의 과정일 뿐 진리를 깨닫는 것이나 해탈(解脫)이 되는 것은 부처님이 가르쳐 주신 육바라밀(六波羅蜜)의 과정을 통해서 된다는 것을 말씀하고 있는 것입니다. 이렇게 염불(念佛)은 지옥계의 중생들이 행하는 것이며 참선(參禪)은 인간계의 인간들이 행하는 것입니다. 요즈음 어떤 스님들은 수년 동안을 밤에 잠자리에 눕지 않고 앉아서 참선수행을 하는 스님들도 있다고 합니다.

그러나 이렇게 오랫동안 자리에 눕지도 않고 참선수행을 하는 스님들이 많아도 지금까지 부처님의 말씀을 깨달아 부처가 되었다는 부처님은 찾아 볼 수가 없다는 것입니다. 왜 그럴까요? 그것은 진리를 깨달아 부처가 되는 것은 육바라밀(六波羅蜜)의 과정을 통해서 한 단계 한 단계 올라 천상계(天上界)에 올라가서 부처가 되는 것이지 염불이나 참선수행을 한다 해서 부처가 되는 것이 아니기 때문입니다.

그러므로 지옥계에 있는 중생들은 아귀계로 나오기 위해서는 보시(布施)를 행해야 하며 아귀계의 아귀들은 계율(戒律)을 지켜야 하며 축생계의 축생들은 인욕(忍辱)수행을 해야 하며 수라계의 수라들은 정진(精進)을 해야 하며 인간계의 인간들은 선정(禪定)을 해야 천상(天上)에 올라가 부처가 되는 것입니다. 이렇게 오늘날 스님들이나 불자들은 부처님의 가르침에 따라 올바른 수행을 해야 천상(天上)에 올라가 부처가 되는 것이지 염불(念佛)이나 참선(參禪)을 열심히 한다 해서 부처가 되는 것이 아니라는 것을 알아야 합니다.

그보다 더 중요한 것은 수행불자들이 천상(天上)에 올라가 부처가 되려면 반드시 오늘날 말씀을 깨달아 부처가 되어 오신 생불(生佛)을 만나서 생불(生佛)의 가르침에 따라 수행(修行)을 해야 한다는 것입니다.

　그러므로 오늘날 수행불자들은 염불(念佛)이나 참선(參禪)만 할 것이 아니라 오늘날 중생들을 제도(濟度)하기 위해서 오신 생불(生佛)을 찾아야 하는 것입니다.

극락과 지옥

칠흑 같은 어둠에 덮여

한치 앞도 못 볼 때

면전에 계신 부처님도 모르더니

반야의 광명이 비춰 오니

삼라만상 모두가 부처라네

무명속에 있으면 극락도 지옥이요

깨달으면 지옥도 극락이라네

모든 중생 부처님께 귀의하여

하루속히 불국정토를 이루세

오늘날 살아계신 부처님(生佛)

5

부처님(생불)은 삼세(三世), 즉
예전이나 지금이나 앞으로도 언제나 항상 불자들과 함께 계시며
지금도 무명의 중생들을 가르치고 깨닫게 하여
부처를 만들고 있는데
부처님은 언제나 사람의 몸을 입고 계신 분이라는 것입니다.

오늘날 살아계신 부처님(生佛)

부처님은 무명의 중생이 반야(시대신)를 통해서 깨달은 사람 혹은 반야의 지혜(智慧)인 무상정등정각(無上正等正覺)인 아뇩다라삼먁삼보리(阿耨多羅三邈三菩提)를 득(得)하신 살아있는 사람을 말합니다. 즉 부처님은 예전이나 지금이나 반야의 진리(지혜)를 깨달은 사람을 말하는 것이지 사람들이 부처님의 형상(形象)들을 조각하여 만들어 절이나 법당(法堂)에 모셔놓은 조각(彫刻)된 부처님들이 아니라는 것입니다. 부처님(생불)은 삼세(三世), 즉 예전이나 지금이나 앞으로도 언제나 항상 불자들과 함께 계시며 지금도 무명의 중생들을 가르치고 깨닫게 하여 부처를 만들고 있는데 부처님은 언제나 사람의 몸을 입고 계신 분이라는 것입니다.

이렇게 부처님은 오늘날 진리를 깨달아 성불하여 부처님이 되신 사람이지 날마다 백팔 배를 올리며 공양(供養)을 드려도 말 한마디 못하고 외눈하나 깜짝이지 못하는 불상(佛像)들은 부처님이 아니라는 것입니다. 그럼에도 불구하고 무지(無知)한 스님들이나 불자들은 지금도 사람들이 손으로 만들어놓은 각종 형상의 불상(佛像)을 법당(法堂)에 모셔놓고 부처님이라고 절을 하고 공양을 드리며 예불(禮佛)을 올리고 있는 것입니다. 이러한 부처님의 형상(形象)들은 생기조차 없고 말 한마디 못하는 죽은 부처이며 사람이 만들어 놓은 조각품(彫刻品)이지 진정한 부처님이 아닌 것입니다. 그럼에도 불구하고 지금도 불자들은 사람들이 만든 부처님의 형상(形象) 앞에 절을 하며 예불(禮佛)을 올리고 있는 것입니다.

그러므로 불자들의 머릿속에는 사람들이 만든 부처님의 형상(形象)이 굳게 자리 잡고 있어서 진리를 깨달아 부처님이 되신 생불이 앞에 오셨다 해도 알아보지 못하고 오히려 배척(排斥)을 하게 되는 것입니다. 그러므로 불자들이 오늘날 진리를 깨달아 부처가 되신 생불(生佛)을 믿고 영접(迎接)하여 가르침을 받지 않는다면 평생 동안 불상 앞에서 초를 켜고 향을 피우며 염주(念珠)를 돌리며 백팔 배를 올리고 염불(念佛)을 한다 해도 깨달아 부처가 될 수 없다는 것을 알아야 합니다.

왜냐하면 석가모니 부처님도 무명의 중생이 출가(出家)하여 여러 스승의 가르침을 받으며 수행정진(修行精進)을 하였으나 결국은 보리수나무(지혜의 나무로 생불을 말함)

밑에서 육바라밀(六波羅蜜)을 행하며 수행정진(修行精進)을 할 때 진리를 깨달아 부처가 되셨기 때문입니다. 그러므로 불자들은 오늘날 진리를 깨달아 부처님이 되신 생불을 찾아야 하며 그의 가르침에 따라 수행정진(修行精進)을 해야 하는 것입니다. 그러면 오늘날 생불의 가르침과 수행정진(修行精進)을 통해서 모두 해탈(解脫)하여 부처가 될 수 있습니다.

   오늘날 살아계신 생불은 지금도 여러분 주위에서 진리를 찾는 자들을 찾고 계십니다.

6 초와 향의 실체

부처님께서 초를 태우라는 것은
부처님의 입에서 나오는 말씀, 곧 진리의 불로
자신 안에 자리 잡고 있는 욕심(貪, 瞋, 癡)을
모두 태워 버리고 무아(無我)가 되어
해탈(解脫)이 되라는 뜻입니다.

초와 향의 실체

　불자들이 절에 가서 부처님이 계신 법당(法堂)에 들어가 예불(禮佛)이나 공양(供養)을 드리기 전에 먼저 하는 일은 부처님이 계신 제단에 초에 불을 켜고 향에 불을 붙여 향로에 꽂아 향을 피우는 일입니다. 그런데 불자들이 촛불은 왜 켜는지 그리고 향은 왜 피워야 하는지 그 의미를 모르고 단지 전통적으로 내려오는 불교의 관습(慣習)과 의식(儀式)에 따라 습관적으로 행하고 있는 것입니다.
　불자들은 단지 부처님께 초와 향을 태우는 것이 부처님에 대한 예의(禮義)이며 이렇게 하면 부처님의 가피(加被)로 복을 받아 평안히 행복하게 잘 살 수 있다는 신념(信念)으로 행하고 있는 것입니다. 그런데 부처님 앞에 초와 향을 피우는 것은 화두(話頭)로 부처님의 모든 뜻이 함축(含蓄)되어 있는 것입니다.
　그러므로 불자들이 부처님께서 말씀하시는 초와 향의 의미를 아는 것은 무엇보다 중요한 것입니다. 이제부터 초를 태우는 의미와 향을 피워야 하는 의미에 대하여 말씀드리겠습니다. 초와 향은 부처님께서 말씀하신 자리(自利)와 이타(利他), 즉 상구보리(上求菩提)와 하화중생(下化衆生)

을 말하고 있습니다. 이렇게 부처님께서 초를 태우라는 것은 부처님의 입에서 나오는 말씀, 곧 진리의 불로 자신 안에 자리 잡고 있는 욕심(貪, 瞋, 癡)을 모두 태워 버리고 무아(無我)가 되어 해탈(解脫)이 되라는 뜻이며, 향을 피우는 것은 진리의 불로 자신을 모두 태우고 해탈(解脫)하여 부처가 된 부처님들은 무명의 중생들을 제도(濟度)하기 위해 향을 피우듯 자신의 몸을 모두 희생하여 해탈(解脫)을 시키라는 뜻입니다. 때문에 스님들이 향을 피우면서 해탈향(解脫香)이라 말하고 있는 것입니다.

그러므로 무명의 중생들은 제단(祭壇)에 초를 켜서 초만 태울 것이 아니라 부처님의 말씀으로 자신 안에 들어있는 욕심(貪, 瞋, 癡)을 하나하나 불태워야 하는 것입니다. 이렇게 초를 태우듯이 부처님의 말씀으로 자아(自我), 즉 자신을 모두 불태워야 자신 안에 들어있던 삼독(三毒), 즉 탐, 진, 치(貪, 瞋, 癡)가 모두 없어져 무아가 되는 것이며 그 안에 부처님의 생명이 임하여 진아(眞我)로 해탈(解脫)하여 부처가 되는 것입니다.

이렇게 자신을 진리의 불로 태우고 해탈(解脫)하여 부처가 되면 반드시 법보시(法布施), 즉 향을 피우듯이 자신 안에 들어있는 진리의 말씀으로 이웃에 죽어가는 영혼(靈魂)

들을 제도(濟度)하기 위해 자신의 몸을 희생(犧牲)하며 불태워야 하는 것입니다. 이것이 부처님이 행하신 자리(自利)와 이타(利他)이며 부처님이 가르쳐주신 초를 태우고 향을 피우는 진정한 의미이며 부처님의 뜻입니다.

그러므로 오늘날 불자들은 이러한 부처님의 올바른 뜻을 알고 초와 향만 태우지 말고 이제 자신 안에 들어 있는 욕심을 부처님의 말씀으로 날마다 태워버려야 하는 것입니다. 이것이 진정한 초와 향을 태우는 의미이며 부처님께서 불자들에게 행하라고 가르쳐주신 자리(上求菩提)와 이타(下化衆生)인 것입니다.

7
부처님께 올리는 삼배(三拜)

불자들이 부처님께 삼배(三拜)를 올리는 대상은
삼보(三寶), 즉 불(佛) 법(法) 승(僧)이며
삼배를 올리는 목적은
불법승에 귀의(歸依) 한다는 뜻으로 올리는 것입니다.

부처님께 올리는 삼배(三拜)

불자들이 절에 가면 먼저 부처님 존전(尊前)에 삼배(三拜), 즉 절을 세 번 올리고 있습니다. 그런데 불자들이 부처님께 절을 무슨 목적으로 하며 또 부처님께 절을 왜 세 번을 올려야하는지도 모르는 불자들이 허다(許多)합니다.

불자들은 단지 스님들이 부처님께 절을 세 번 올리는 것을 보고 또 다른 불자들이 절을 세 번 올리니까 자신도 따라서 절을 세 번 올리고 있을 뿐입니다. 이렇게 부처님의 진정한 뜻도 모르면서 부처님께 절을 한다면 세 번 아니라 백 번을 해도 아무런 소용이 없는 것입니다. 그러므로 불자들은 부처님께 삼배를 올리는 뜻과 목적을 분명히 알고 절을 해야 합니다.

불자들이 부처님께 삼배(三拜)를 올리는 대상은 삼보(三寶), 즉 불(佛), 법(法), 승(僧)이며 삼배를 올리는 목적은 불법승에 귀의(歸依) 한다는 뜻으로 올리는 것입니다.

이제 삼보(三寶)의 실체와 불자들이 삼배(三拜)를 올리라는 부처님의 뜻에 대해서 말씀드리겠습니다.

삼보(三寶) : 불(佛), 법(法), 승(僧)

불자들이 절에 와서 먼저 부처님께 삼배를 올리는 것은 속세(俗世)를 떠나 삼보(三寶)이신 불(佛), 법(法), 승(僧)에 귀의(歸依) 하겠다는 뜻과 목적으로 해야 하는 것입니다. 그런데 불자들이 제일먼저 귀의 하는 곳은 불(佛)이 아니라 승(僧)입니다. 귀의라는 뜻은 속세(俗世)를 버리고 출가(出家)를 하여 부처님께 귀속(歸屬)하여 오직 부처님만을 의지하고 살면서 수행정진(修行精進)을 하겠다는 의미입니다.

일배 : 귀의(歸依) 승(僧)

무명의 중생이 성불을 하기 위해서는 먼저 스님들이 계신 승단에 귀의(歸依)하여 승단의 가르침을 받아야 합니다. 승단(僧團)은 해탈을 위해 수행자들이 모여 수행하는 단체로 이곳에서 스승의 가르침을 통해 세속에서 의식화된 고정관념(固定觀念)과 삼독(三毒)인 탐, 진, 치(貪, 瞋, 癡)를 하나하나 버리고 부처님의 뜻을 이루기 위해 승려(僧侶)가 되는 곳입니다. 그러므로 불자들이 해탈하여 부처가 되려면 제일먼저 승단(僧團)에 귀의(歸依)해야 하는 것입니다.

이배 : 귀의(歸依) 법(法)

    승단(僧團)에서 모든 가르침과 수행(修行)의 과정을 모두 마치면 귀의(歸依) 법(法), 즉 부처님의 계율(戒律)에 귀의(歸依)하여 계율(戒律)을 따라 수행정진(修行精進)을 해야 합니다.
    부처님의 계율(戒律)은 주로 부처님께서 지키고 행하라는 십계(十戒)를 말하고 있습니다. 그런데 십계(十戒)를 온전히 지키며 올바로 수행을 하려면 먼저 십계 속에 감추어진 화두의 비밀을 알아야 합니다. 십계(十戒)는 수행정진(修行精進)을 하는 불자들에게 그 무엇보다 중요한 가르침이며 부처님의 명령입니다.

십 계(十戒)

첫 째 : 불살생계(不殺生戒) - 산 목숨을 죽이지 말라.
둘 째 : 불투도계(不偸盜戒) - 도둑처럼 훔치지 말라.
셋 째 : 불음계(不淫戒) - 음행하지 말라.
넷 째 : 불망어계(不妄語戒) - 거짓을 말하지 말라.
다섯째 : 불음주계(不飮酒戒) - 술을 마시지 말라.

여섯째 : 불도식향만계(不塗飾香鬘戒) - 치장을 하거나 향을 바르지 말라.

일곱째 : 불가무관청계(不歌舞觀聽戒) - 노래하는 것이나 춤추는 것을 보거나 듣지 말라.

여덟째 : 불좌고광대상계(不坐高廣大牀戒) - 높고 넓고 큰 평상에 앉지 말라.

아홉째 : 불비시식계(不非時食戒) : 때가 아니면 먹지 말라

열 째 : 불축금은보계(不蓄金銀寶戒) - 금, 은, 보석을 모으지 말라.

(십계에 감추어져 있는 화두의 비밀은 육바라밀에 자세히 기록되어 있음)

불자들은 부처님께서 가르쳐 주신 계율(戒律)을 세상의 법이나 윤리도덕(倫理道德) 정도로 생각하고 있습니다. 그러나 부처님께서 말씀하시는 계율(戒律)은 모두 화두(話頭)로 되어 있는 것입니다.

이렇게 부처님께서 말씀하신 십계의 말씀들은 표면에 나타난 문자 그대로 본다면 누구나가 쉽게 알 수 있는 평범

한 말씀 같으나 모두 "화두(話頭)"로 되어있기 때문에 말씀 속에 감추어져 있는 비밀들은 무명의 중생들이 알 수가 없는 것입니다. 이 때문에 오늘날 스님들이나 불자들은 혜안(慧眼)이 없어 부처님께서 하신 계율(戒律)이나 말씀들을 문자적으로 알고 지킬 수밖에 없는 것입니다.

이렇게 오늘날 불자들은 부처님의 계율(戒律)을 세상의 법이나 윤리도덕(倫理道德) 차원의 교리로 지키고 있기 때문에 평생 동안 수행을 해도 해탈(解脫)이 되지 않는 것입니다.

그러므로 불자들이 성불(成佛)하여 부처가 되려면 반드시 오늘날 살아계신 부처님을 찾아 그의 가르침에 따라 수행(修行)을 해야 합니다. 왜냐하면 부처님의 말씀은 모두 화두(話頭)로 되어 있기 때문에 혜안(慧眼)이 없는 스님들은 부처님의 뜻이나 천상(天上)으로 가는 길을 알지 못하기 때문입니다.

그러므로 해탈(解脫)을 하려면 반드시 오늘날 진리를 깨달으신 부처님을 모시고 그의 가르침에 따라 올바른 수행(修行)을 해야 합니다.

삼배 : 귀의(歸依) 불(佛)

　　귀의(歸依) 불(佛)은 귀의(歸依) 승(僧)과 귀의(歸依) 법(法)의 수행(修行)과정을 모두 마친 자가 부처님께 귀의(歸依) 하여 해탈(解脫)과 성불(成佛)을 위해 수행하는 것을 말하고 있습니다.

　　문제는 귀의(歸依) 불(佛)을 하려면 오늘날 살아계신 부처님이 계셔야 하는 것입니다. 그런데 오늘날 살아계신 부처님(生佛)이 없다면 어느 누구에게 귀의(歸依)를 하며 어떻게 수행을 하느냐는 것입니다. 그러나 부처님은 삼세(三世), 즉 과거세나 현세나 미래세에도 항상 계십니다. 단지 불자들에게 혜안(慧眼)이 없고 욕심에 가리워져 오늘날 살아계신 부처님(生佛)을 보지 못할 뿐입니다.

　　그러므로 부처님께 귀의 하려는 수행자들은 지금이라도 모든 고정관념(固定觀念)과 욕심(慾心)을 버리고 부처님을 찾아야 합니다. 그러면 지금도 부처님을 만날 수 있고 가르침을 받을 수 있습니다.

　　이상과 같이 부처님께 삼배를 올리는 것은 삼보(三寶) 이신 불(佛), 법(法), 승(僧)에 귀의(歸依) 한다는 뜻과 목적으로 해야 합니다. 그러므로 삼배를 하는 목적이 자신에게 운수대통(運數大通)이나 만사형통(萬事亨通)의 복을 받으려는 욕심을 가지고 행하는 것은 잘못된 것이며 나아가서는 부처님을 모독(冒瀆)하는 행위입니다.

그러므로 불자들은 이제 삼배(三拜)를 올리는 부처님의 뜻을 알았으니 삼보(三寶)이신 불, 법, 승에 귀의(歸依) 한다는 마음으로 정중하게 삼배(三拜)를 올려야 합니다.

8
백팔염주(百八念珠)

염주가 108개로 되어 있는 것은
백팔번뇌(百八煩惱), 즉 중생들 머릿속에서 일어나는
백 여덟까지 번뇌(煩惱)와 망상(妄想)들을
염불을 통해서 모두 제거(除去) 하라는 뜻입니다.

백팔염주(百八念珠)

염주(念珠)는 염불(念佛)할 때 손가락으로 작은 구슬을 돌려가며 염불의 수효를 세는 기구로 보리자, 금강주, 모감주, 염주나무 등의 열매로 모두 108개를 구슬처럼 엮어 만든 것입니다. 스님들이나 불자들은 염주를 염불할 때만 사용하는 것이 아니라 평상시에도 항상 목이나 손목에 걸고 다니며 이제는 집안이나 차안에서 조차도 부적처럼 걸어놓고 있는 것을 볼 수 있습니다. 이렇게 스님들이나 불자들이 염주(念珠)를 몸에 지니고 다니거나 집안이나 차에 걸어 놓는 것은 염주가 마치 악귀는 물리치고 복을 가져다주는 신통력이 있는 것처럼 생각하기 때문입니다. 그러나 염주는 오직 불자들이 염불할 때 수를 헤아리기 위해 사용하는 기구 일 뿐 아무런 효력이 없는 것입니다.

그런데도 불자들은 부처님을 향해 염주를 돌려가며 열심히 염불을 하는 것은 마음의 평안을 위해 혹은 자신이 바라고 원하는 소원을 이루어달라는 마음으로 부처님께 기원을 하고 있는 것입니다. 그러므로 불자들은 염주가 108개로 되어 있는 의미와 부처님께서 염주를 돌리라고 하는 진정한 뜻을 알아야 하는 것입니다. 염주가 108개로 되어 있는 것은 백팔번뇌(百八煩惱), 즉 중생들 머릿속에서 일어나는 백 여덟까지 번뇌(煩惱)와 망상(妄想)들을 염불을 통해서 모두 제거(除去) 하라는 뜻입니다. 백팔번뇌(百八煩惱)는 육근(六根)인 안이비설신의(眼耳鼻舌身意)가 육진(六塵=육경)인 색성향미촉법(色聲香味觸法)을 대할 때 마다 각기 호(好), 오(惡), 평등(平等) 세 가지가 서로 같지 않아서 18번뇌를 일으키고 또 고(苦)낙(樂)사(捨)의 3수(受)가 있어 18번뇌를 내어 모두 36번뇌가 일어나며 또 이 36번뇌는 3세(과거, 현재, 미래)의 번뇌를 일으키는데 이를 배하여 모두 108번뇌가 일어나는 것입니다.

이렇게 중생들에게 일어나는 백팔번뇌(百八煩惱)는 불자들이 해탈(解脫)로 가는 길을 가로막는 마구니(귀신)와 같은 존재이기 때문에 부처님은 염불을 통해서 모두 제거(除去)하라는 뜻으로 가르쳐주신 것입니다. 때문에 불자들이 부처님 앞에 절을 108번 올리는 것도 오직 자신 안에서 일어나는 백팔번뇌(百八煩惱)를 하나하나 제거해달라는 목적으로 절을 하고 기도를 해야 하는 것입니다.

오늘날 절에 가보면 절이나 제단에 오르는 계단을 백팔개를 만들어 놓은 곳을 볼 수 있는데 이것은 백팔번뇌(百

八煩惱)의 올바른 뜻을 알고 계단을 하나하나 오르면서 백팔번뇌(百八煩惱)를 하나하나 없애라는 뜻에서 만든 것입니다. 그런데 이러한 부처님의 뜻을 모르는 불자들은 백팔염주를 돌리고 백팔 계단을 오르며 그리고 부처님께 백팔배를 올리면서 가족의 건강이나 혹은 자신이 행하는 일들이 형통(亨通)하고 운수(運數)가 대통(大通)하기를 바라는 마음으로 염불을 하며 절을 올리는 것입니다.

그러므로 불자들은 이제 부터라도 부처님이 원하시는 뜻에 따라 백팔염주를 돌리고 백팔배를 올리며 또한 백팔계단을 오르면서 오직 자신 안에 들어있는 욕심(탐, 진, 치)과 그로 인해 일어나는 번뇌망상(煩惱妄想)을 하나하나 모두 제거(除去)해야 합니다.

이렇게 부처님께서 바라고 원하시는 뜻대로 수행을 행할 때 불자들은 번뇌(煩惱)와 망상(妄想)에서 벗어나 해탈(解脫)이 될 것입니다.

9
스님들이 오른쪽 어깨의 가사(袈裟)를 벗어 왼쪽 어깨에 걸치고 다니는 이유

부처님께 법문을 올바로 알기 위해
먼저 자신이 가지고 있는 고정관념(固定觀念)들을
내려놓는다는 뜻으로 오른쪽 어깨의 가사(袈裟)를 벗은 것입니다.

스님들이 오른쪽 어깨의 가사(袈裟)를 벗어 왼쪽 어깨에 걸치고 다니는 이유

우리나라에서는 스님들 대부분이 가사(袈裟)를 그대로 입고 다니지만 티벳 불교는 스님들이나 불자들도 모두 오른쪽 어깨의 가사(옷)를 벗어 왼쪽어깨에 걸치고 다니는 것을 볼 수 있습니다. 그런데 무엇 때문에 가사를 그렇게 입고 다니느냐고 물어보면 올바로 알고 있는 불자는 물론 스님들도 별로 없다는 것입니다.

스님들이 오른쪽 어깨의 가사를 벗어 왼쪽 어깨에 걸치게 된 근원은 금강경(金剛經)에 수보리(須菩提) 존자(尊者)가 법문(法門)을 듣기 전에 부처님 앞에서 가사를 벗고 무릎을 꿇고 합장을 하고 부처님께 법문(法門)을 청한 이후부터라 사료(思料)됩니다.

그런데 수보리(須菩提) 존자(尊者)가 무슨 이유로 오른쪽 어깨의 가사를 벗어 왼쪽에 걸쳤는지 그 이유를 아는 사람이 지금까지 별로 없다는 것입니다. 이 말씀은 수보리가 입고 있는 가사의 의미를 모르면 절대로 알 수가 없습니다. 왜냐하면 수보리(須菩提)가 입고 있던 가사(袈裟)는 단순히 스님들이 입고 다니는 승복이 아니라 부처님의 말씀, 즉 말씀의 옷을 화두(話頭)로 말한 것이기 때문입니다. 이렇게 부처님의 말씀이나 수보리가 취한 행동도 모두 화두이기 때문에 혜안(慧眼)이 없이는 잘 알 수가 없는 것입니다.

　수보리(須菩提)가 부처님의 말씀을 듣기 전에 오른쪽 어깨의 가사를 벗은 것은 수보리가 지금까지 듣고 보고 공부를 하여 쌓아 가지고 있는 법문(法文)이나 말씀들을 모두 내려놓았다는 의미입니다. 왜냐하면 부처님의 말씀을 들으려면 지금까지 쌓아 가지고 있는 법문(法文)이나 자신이 옳다고 하는 고정관념(固定觀念)들을 모두 내려놓거나 버리지 않으면 부처님의 말씀을 올바로 듣거나 받아들일 수 없기 때문입니다. 이렇게 고정관념(固定觀念)은 수행불자들의 해탈(解脫)의 길이나 성불(成佛)의 길을 가로막고 있는 장애물(障碍物)이며 마귀보다 더 악한 존재입니다. 만일 수행불자들이 이러한 고정관념을 모두 깨어서 버릴 수 있다면 누구나 해탈(解脫)이 되어 부처가 될 수 있습니다.

　그러므로 수보리는 부처님의 말씀을 통해서 자신이 그동안 쌓아놓은 관념(觀念)들을 제거(除去)할 수 있는 길이나 방법을 듣기 위해서 부처님께 법문(法門)을 청한 것이며 또한 부처님께 법문을 올바로 알기 위해 먼저 자신이 가지고 있는 고정관념(固定觀念)들을 내려놓는다는 뜻으로 오른쪽 어깨의 가사(袈裟)를 벗은 것입니다. 그러므로 예나 지금이나 불자들이 부처님의 말씀을 들으려면 수보리와 같이 지금까지 가지고 있는 관념(觀念)들을 모두 내려놓아야 하는 것입니다.

그래서 절이나 법당에 들어가려면 스님들이 알음알이를 모두 내려놓으라고 말하는 것입니다. 이렇게 오늘날 불자들도 오늘날 생불(生佛)을 찾거나 생불의 말씀을 들으려면 먼저 자신이 쌓아 가지고 있는 관념(觀念)들을 모두 내려놓아야 합니다. 그런데 만일 고정관념을 내려놓지 않고 부처님의 말씀을 듣는다면 자신이 가지고 있는 관념(觀念)으로 부처님의 말씀을 옳다 그르다 하며 판단(判斷)을 하게 되는 것입니다.

그러므로 오늘날 생불이 오셔서 말씀을 전한다 해도 그동안 불교에서 의식화(意識化)된 고정관념(固定觀念) 때문에 생불(生佛)로 인정을 하지 않을 뿐 만 아니라 오히려 이단(異端)이라 판단을 하며 배척(排斥)을 하는 것입니다. 이렇게 불자들이나 스님들이 가지고 있는 고정관념(固定觀念)은 생불(生佛)을 배척(排斥)하며 해탈(解脫)의 길을 가로막고 있는 것입니다.

그러므로 부처님의 말씀을 들으려면 수보리(須菩提)와 같이 먼저 자신이 알고 있는 알음알이, 즉 고정관념(固定觀念)을 모두 벗어 내려놓아야 하는 것입니다. 그런데 오늘날 불자들은 부처님의 말씀을 들을 때 오른쪽 어깨의 가사를 벗지 않을 뿐만 아니라 알음알이도 내려놓지 않고 듣는다는 것입니다. 때문에 부처님도 볼 수 없고 말씀도 올바로 들을 수 없는 것입니다.

그러므로 오늘날 불자들은 부처님의 말씀을 올바로 들으려면 수보리와 같이 자신이 가지고 있는 알음알이를 모두 내려 놓아야 하는 것입니다. 그러면 부처님의 말씀이 감로수(甘露水)와 같이 생생한 음성으로 들려 병든 영혼(靈魂)이 치료되고 살아나서 해탈이 될 것입니다.

눈물

가슴이 무너져 내리는 눈물은
하늘이 무너져 내리는

여름 장마비 같구나
비야 비야 어서 내려라
온 세상이 더러워진 것을
깨끗이 씻어주고

가슴에 앙금처럼 가라앉은
더러운 찌끼도
주룩주룩 흐르는 눈물로
깨끗이 씻어서

눈물도 아픔도 고통도 없는
새 하늘과 새 땅이 되어라

10
삭발(削髮)

부처님께서 수행정진(修行精進)을 하려는 수행자들에게
삭발을 하라는 것은 머리를 모두 잘라 없애라는 뜻이 아니라
세속(世俗)에서 욕심과 거짓으로
머릿속에 쌓아 놓은 잘못된 관념(觀念)들을
모두 잘라 버리라는 뜻입니다.

삭발(削髮)

　스님들은 한 결 같이 모두 머리를 삭발(削髮)하고 있습니다. 왜냐하면 무명의 중생이 출가(出家)하여 스님이 되려면 반드시 머리를 모두 삭발을 해야 하기 때문입니다. 그러므로 삭발을 하지 않은 사람은 해탈(解脫)을 위해 아무리 열심히 수행정진(修行精進)을 한다 해도 스님으로 인정을 하지 않는 것입니다. 그런데 스님들이 삭발을 하고 다니면서도 무엇 때문에 삭발을 하는지 물어보면 그 이유를 분명히 알고 대답하는 스님이 별로 없습니다.

　사람들은 중이 제 머리 제가 못 깎는다는 말을 합니다. 그래서 자기 머리는 다른 스님이 잘라주었는데 요즈음은 일회용 면도칼 하나로 자신의 머리를 혼자 말끔히 밀어버리는 스님들도 있습니다. 그런데 스님들이 출가를 하려면 무엇 때문에 삭발을 해야 하며 삭발을 하지 않으면 왜 스님이 될 수 없는지 궁금합니다. 그러면 부처님께서 출가(出家) 수행자들에게 삭발(削髮)을 하라는 진정한 의미는 무엇일까요?

　부처님께서 수행정진(修行精進)을 하려는 수행자들에

게 삭발을 하라는 것은 머리를 모두 잘라 없애라는 뜻이 아니라 세속(世俗)에서 욕심과 거짓으로 머릿속에 쌓아 놓은 잘못된 관념(觀念)들을 모두 잘라 버리라는 뜻입니다. 왜냐하면 수행불자들이 머릿속에 잘못 입력된 상념(想念), 즉 고정관념(固定觀念)들이 있으면 절대로 해탈(解脫)을 할 수가 없기 때문입니다. 그런데 스님들은 머릿속에 관념(觀念)들은 버리려 하지 않고 머리만 자르고 있는 것입니다.

그러므로 수행불자들이나 스님들은 부처님의 말씀의 칼로 자신의 머릿속에 들어있는 잘못된 고정관념(固定觀念)들을 하나하나 잘라 버려야 합니다. 그런데 머리에 굳어진 고정관념들을 자를 수 있는 말씀의 칼은 오직 부처님의 계율(戒律)뿐입니다. 때문에 수행불자들은 부처님의 계율(戒律)을 열심히 지키며 행하면서 자신의 머릿속에 들어있는 고정관념(固定觀念)들을 하나하나 제거(除去)해야 하는 것입니다.

이렇게 스님들 뇌리(腦裏)속에 굳게 굳어진 고정관념은 오직 부처님의 법과 말씀만이 깨고 자를 수 있는 것입니다. 때문에 중이 제 머리 제가 못 깎는다는 말은 화두(話頭)로 스님들이 가지고 있는 잘못된 고정관념은 혼자 없앨 수 없고 오직 부처님의 말씀에 의해서 없앨 수 있다는 뜻입니다.

그러므로 오늘날 스님들이나 수행불자들은 부처님의 계율(戒律)을 지키며 부처님의 말씀에 따라 수행정진(修行精進)을 해야 하는 것입니다.

이렇게 부처님을 믿고 의지 하면서 부처님의 가르침에 따라 열심히 수행정진을 한다면 번뇌(煩惱)와 망상(妄想)이 모두 사라지고 해탈(解脫)이 되어 부처가 될 것입니다.

11

탁발(托鉢)

부처님께서 가사를 입으시고 발우를 들고
손수 탁발을 하시는 것은
수행불자들을 향한 부처님의 최고의 가르침이며
최고의 법문인 것입니다.

탁발(托鉢)

　탁발(托鉢)은 수행불자들의 수행과정의 하나로 발우(鉢盂), 곧 밥그릇을 들고 집집마다 구걸을 하는 행위를 말합니다. 탁발(托鉢)은 처음에 부처님께서 가사(袈裟)를 입고 발우(鉢盂)를 들고 왕사성으로 들어가 칠가식(탁발을 첫 집으로 시작하여 일곱 집 까지만 하는 것)을 행하셨는데 수행불자들이 부처님을 본받아 지금도 탁발(托鉢)을 행하고 있는 것입니다. 그런데 오늘날 스님들이나 수행자들이 부처님을 본받아 탁발(托鉢)을 하지만 부처님이 행하신 탁발의 진정한 뜻을 모르고 있습니다. 부처님께서 진정 밥한 끼를 해결하기 위해 구걸하셨다면 길거리에서 동냥을 하는 거지와 다를 바가 없습니다.

　그러므로 부처님이 행하신 탁발(托鉢)에 숨겨진 화두(話頭)의 비밀을 알아야 합니다. 부처님께서 탁발을 하신 것은 불자들에게 커다란 무언(無言)의 가르침을 주고 있는 것입니다. 부처님은 일국(一國)의 태자(太子)로 부귀영화(富貴榮華)를 누리는데 조금도 부족함이 없는 분이었습니다. 그런데 태자의 신분으로 거지와 같이 걸식(乞食)을 하신 것은 불자들에게 아주 중요한 것을 가르쳐주기 위함입니다.

　수행불자들이 수십 년 동안 수행을 하고 고행(苦行)을 하며 부처님의 가르침을 받아도 해탈이 되지 않는 것은 자신 안에 들어있는 삼독(三毒 : 탐(貪), 진(瞋), 치(癡)과 외적으로 나타나는 오만(傲慢)과 교만(驕慢) 때문입니다. 때문에 수행불자들이 이러한 욕심과 교만한 마음을 없애기 위해 날마다 부처님의 가르침을 받으며 열심히 수행을 해도 버려지지 않아 고민을 하고 있는 것입니다. 그런데 수십 년 동안 가르침을 받으며 수행을 해도 버려지지 않는 욕심과 교만(驕慢)이 가사(袈裟)를 입고 발우(鉢盂)를 들고 세속에 나아가 탁발(托鉢)을 행할 때 조금씩 소멸(消滅)되어 가는 것을 볼 수 있습니다. 사람들이 백문불여일견(百聞不如一見)이라는 말을 합니다. 이 말은 백번을 듣는 것보다 한번 직접 보는 것이 더 낫다는 말입니다.

　이 말과 같이 백청견 불여일행(百聽見 不如一行), 즉 부처님의 말씀을 백번 듣고 보는 것보다 부처님과 같이 발우(鉢盂)를 들고 탁발(托鉢)을 한번 행하는 것이 더 낫다는 것을 가르쳐 주는 것입니다.

　사람들이 구걸을 하는 것은 생의 마지막 수단으로 모든

자존심을 내려놓지 않으면 할 수 없는 일입니다. 이 때문에 며칠 동안 굶주렸다 해도 구걸을 하느니 차라리 죽는 것이 낫다는 말을 하는 것입니다. 그런데 왕의 신분이나 귀족의 신분 혹은 생활에 아무런 걱정이 없는 부자가 발우(鉢盂)를 들고 구걸을 한다는 것이 얼마나 힘든 일입니까? 그런데 부처님께서 가사를 입으시고 발우를 들고 손수 탁발을 하시는 것은 수행불자들을 향한 부처님의 최고의 가르침이며 최고의 법문(法門)인 것입니다.

그러므로 해탈을 위해 수행하는 불자들이라면 가사(袈裟)를 입고 발우(鉢盂)를 들고 탁발(托鉢)을 하며, 만행(萬行)이라는 과정을 반드시 통과해야 하는 것입니다. 또한 탁발을 할 때 가사를 반드시 입어야 하는 것은 가사는 단순히 스님들이 입는 옷이 아니라 부처님의 말씀이기 때문입니다. 그러므로 탁발(托鉢)을 하기 전에 먼저 부처님의 가르침에 따라 말씀의 옷(袈裟)을 입어야 하는 것입니다.

왜냐하면 불자들의 마음속에 자리 잡고 있는 욕심과 탐심 그리고 교만(驕慢)은 부처님의 말씀을 가지고 탁발을 할 때 조금씩 없어지기 때문입니다. 이렇게 평소에 부처님의 삶 자체가 불자들을 가르치는 법문(法門)이며 무언(無言)의 가르침인 것입니다.

그러므로 오늘날 수행불자들이나 스님들은 이러한 부처님의 무언의 가르침을 통해서 탁발의 의미를 올바로 알고 수행을 해야 하는 것입니다. 그리고 스님들은 이제부터라도 양식 한 끼를 얻기 위해 탁발(托鉢)을 할 것이 아니라 자신 안에 들어있는 욕심과 교만한 마음을 없애기 위해서 탁발을 해야 하는 것입니다.

또한 탁발을 통해서 무명의 중생들에게 법보시(法布施)를 하여 영혼을 구원하고 살려서 부처를 만들기 위해서 탁발(托鉢)을 해야 하는 것입니다.

이렇게 스님들이 탁발(托鉢)을 통해서 날마다 자아(自我)를 부수며 이웃에 죽어가는 영혼들에게 부처님의 말씀을 가르치고 깨닫게 하는 일을 계속 행한다면 반드시 해탈(解脫)하여 부처가 될 것입니다.

교만

높이 들린 교만한 눈
마음속에 숨어 있는
악을 내 뿜으며
내장이 썩어 가는줄도
모르는 자신은
교활한 숨소리로
정죄 하면서
정죄로 말미암아
죽음을 재촉하듯
입벌리고 있다네

12
보시(布施)

불자들이 보시(布施)를 행할 때는 아무런 조건이나 의식 없이 순수하고 진실한 마음으로 해야 합니다. 왜냐하면 자신이 보시를 행한다는 의식이나 어떠한 조건도 없이 순수한 마음으로 보시를 행하는 것이 진정한 보시(布施)이기 때문입니다.

보시(布施)

　불교에서 스님들이 불자들에게 행하라는 실천적 삶은 가난하고 헐벗은 이웃들을 돌보고 베풀며 살라고 하는 보시(布施)라 할 수 있습니다. 때문에 불자들은 부처님의 자비로운 마음으로 가난한 이웃이나 거리에서 먹을 것을 동냥하는 거지들을 돌보며 보시(布施)를 하는 것입니다. 이렇게 가난한 사람들에게 보시(布施)를 하며 선업을 쌓으면 이생에서도 복을 받고 내생에도 자신이 행한 선업으로 좋은 곳에 태어날 수 있다는 믿음으로 보시를 하는 것입니다.

　그러나 부처님은 불자들에게 보시(布施)를 행할 때 어떠한 조건이나 의식을 가지고 행하지 말라고 말씀하십니다. 왜냐하면 복을 받기위한 목적으로 행하는 보시는 모두 조건적이며 욕심으로 하는 것이기 때문에 오히려 업장(業障)을 짓게 되기 때문입니다. 그러므로 불자들이 보시(布施)를 행할 때는 아무런 조건이나 의식 없이 순수하고 진실한 마음으로 해야 합니다. 왜냐하면 자신이 보시를 행한다는 의식이나 어떠한 조건도 없이 순수한 마음으로 보시를 행하는 것이 진정한 보시(布施)이기 때문입니다.

때문에 보시에는 유주상보시(有住相布施)와 무주상보시(無住相布施)가 있는 것입니다. 유주상보시(有住相布施)는 내가 보시를 한다는 생각을 가지고 행하거나 또는 내가 보시를 행하기 때문에 부처님께서 복을 주실 것이라는 마음을 가지고 행하는 보시이며, 무주상보시(無住相布施)는 내가 보시한다는 생각이나 마음도 없이 그리고 아무런 조건도 없이 순수한 마음으로 행하는 보시를 말합니다. 그러므로 부처님이 행하라는 보시(布施)는 진실하고 순수한 마음으로 무주상보시(無住相布施)를 하라는 것입니다.

그럼에도 불구하고 불자들은 부처님 존전에 나아가 부처님께 드리는 보시(布施)나 공양(供養)도 만사형통(萬事亨通)의 복이나 운수대통(運數大通)의 복(福)을 받기 위해 드리며 가난한 이웃이나 불쌍한 자들을 돕는 보시도 사람들에게 자신을 드러내기 위해 유주상보시를 하고 있는 것입니다. 이렇게 복을 받기위해 조건적으로 드리는 보시나 자신을 나타내기 위한 보시는 진정한 보시(布施)가 아닙니다. 그러므로 불자들이 보시(布施)를 하려면 아무런 조건이나 욕심 없이 순수한 마음으로 해야 합니다. 그런데 부처님이 수행불자들에게 진정으로 바라고 원하시는 보시(布施)는 죽어가는 영혼을 구원하여 살리는 법보시(法布施)입니다.

왜냐하면 물질로 하는 보시(布施)는 육신이 살아있을 동안 잠시 도움을 주는 것이며 부처님의 말씀으로 영혼을 깨우치고 살리는 법보시(法布施)는 영원한 복, 즉 영원한 생명을 주는 것이기 때문에 부처님은 성불하신 후에도 그의 모든 생애를 죽어가는 무명의 중생들을 말씀으로 제도(濟度)하고 살리는 법보시(法布施)만 행하신 것입니다.

때문에 오늘날 불자들도 부처님의 말씀을 통해서 말씀을 깨닫고 부처님과 같이 법보시(法布施)를 행하여 죽어가는 영혼들을 제도하고 살려야 하는 것입니다. 이것이 부처님이 불자들에게 바라고 원하시는 진정한 보시(布施)입니다.

13
목탁(木鐸)

부처님은 목탁을 두드리고 있는 스님들에게
독경할 때 박자를 맞추기 위해서 두드리지 말고
부처님의 말씀으로
불자들의 머릿속에 굳어져 있는 고정관념(固定觀念)들을
부수라고 말씀하시는 것입니다.

목탁(木鐸)

절에 가면 스님이 불자들이 모여 있는 법당 앞에서 염불을 하며 목탁을 열심히 두들기는 것을 볼 수 있습니다. 목탁은 나무를 둥근 모양으로 만든 후에 나무속을 파내고 가로로 가늘고 긴 구멍을 뚫고 표면에 물고기의 비늘모양으로 조각하여 만든 불구(佛具)인데 이를 우리나라에서는 목탁이라 부르는 것입니다.

목탁은 스님들이 독경을 할 때 박자를 맞추기 위해 사용하고 있습니다. 그런데 스님들은 날마다 독경을 하며 목탁을 두드리면서도 목탁에 숨겨진 부처님의 진정한 뜻을 모르고 있다는 것입니다.

부처님은 목탁을 두드리고 있는 스님들에게 독경할 때 박자를 맞추기 위해서 두드리지 말고 부처님의 말씀으로 불자들의 머릿속에 굳어져 있는 고정관념(固定觀念)들을 부수라고 말씀하시는 것입니다. 중생들은 이 세상에서 보고 듣고 체험한 것들이 머릿속에 깊이 새겨진 생각, 즉 고정관념(固定觀念)으로 살아가고 있습니다. 이렇게 머릿속 깊이 새겨져 굳어있는 고정관념(固定觀念)을 산스끄리트어로 "산냐(samjna)"라 합니다.

"산냐"라는 단어의 뜻은 "모양" 혹은 "형상"이라는 의미인데 불교에서는 모양다리 혹은 상(相)이라 말합니다. 이 "산냐"라는 모양다리는 사람의 생각(想)이 쌓이고 굳어져 나타난 고정관념(固定觀念)을 말하는데 이를 한어로 상(相)이라 합니다.

이렇게 사람의 머릿속에 들어있는 관념이 굳어져 형상화(形象化)된 고정관념(固定觀念)을 상(相)이라 말하는데 이 상(相)은 사람들이 생활 속에서 듣고 보고 배우고 경험한 인식, 즉 생각(想)들이 쌓이고 쌓여 굳어진 관념을 말합니다. 결국 고정관념(固定觀念)은 상(想)들이 쌓이고 굳어져 상(相)으로 나타나는 것인데 이 상(相)이 바로 자아(自我)이며 자기 존재입니다. 이러한 고정관념(固定觀念)을 반야심경에서는 전도몽상(顚倒夢想)이라 말하고 있는데 전도몽상이라는 뜻은 잘못된 관념(생각)이라는 뜻입니다.

그러므로 부처님께서 금강경(金剛經)이나 반야심경(般若心經)을 통해서 중점적으로 말씀하시는 핵심은 전도몽상(顚倒夢想), 즉 사람들이 가지고 있는 고정관념(固定觀念)을 모두 깨어 버리라는 것입니다. 그런데 사람들이 가지고 있는 고정관념은 이 세상에서 그 어느 물질보다 강하고 단단하기 때문에 깰 수도 없고 버릴 수도 없는 것입니다. 왜냐하면 자기 안에 자리 잡고 있는 고정관념이 바로 이 세상을 살아가는 근원적 실체이며 또한 자기존재이기 때문입니다. 이 때문에 부처님은 자기 안에 굳게 자리 잡고 있는 고정관념(固定觀念)을 깨어 버린다면 누구나 해탈(解脫)이 된다고 말씀하시는 것입니다. 이렇게 사람들의 머릿속에 단단히 굳어져있는 고정관념은 이 세상의 그 어느 것으로도 깨거나 부술 수가 없는 것입니다.

그런데 이렇게 강하고 단단한 고정관념(固定觀念)도 부처님의 말씀으로 깰 수 있고 잘라낼 수도 있기 때문에 반야심경(般若心經)에 금강(金剛)이라는 이름을 덧붙인 것입니다. 수행불자(修行佛者)들이 그토록 모진 고행을 하면서도 해탈하지 못하는 것은 머릿속 깊이 뿌리내려 단단하게 굳어져있는 고정관념(固定觀念)들 때문입니다. 이 고정관념(固定觀念)이 바로 중생들의 번뇌망상(煩惱妄想)을 일으키는 근본 실체이며 또한 중생들의 마음속에 욕심(탐, 진, 치)을 일으키는 근본실체인 것입니다. 이렇게 고정관념은 수행불자들의 해탈의 길이나 성불의 길을 가로막고 있는 장애물이며 마귀보다 더 악한 존재인 것입니다.

만일 수행불자들이 이러한 고정관념(固定觀念)을 스스로 모두 깨어서 버릴 수 있다면 누구나 해탈이 되어 부처가 될 수 있습니다. 그런데 부처님의 말씀은 아무리 단단하게 굳어져 있는 고정관념(固定觀念)이라 해도 모두 부수고, 자르고 깰 수 있다는 것입니다.

그러므로 스님들이 독경(讀經)할 때 목탁만 두드리지 말고 부처님의 계율(戒律)과 말씀의 몽둥이로 자신의 머릿속에 굳어져 있는 잘못된 고정관념(固定觀念)들을 두들기고 때려서 모두 부수고 깨버려야 하는 것입니다. 그러면 번뇌망상(煩惱妄想)의 윤회(輪廻)에서 벗어나 해탈(解脫)하여 부처가 될 것입니다.

나그네

온 곳을 알았다면
가기도 쉽건만

오고가는 이치를 모르니
항상 나그네러라

외롭고 고달파서 자신을 원망하니
은은히 들리는 소리
고향의 부름이라네

14
연등(燃燈)

연등은 불자들의 몸을 말하고
연등(燃燈) 안에 불을 붙이는 것은
불자들 안에 진리의 불을 붙여 해탈하여
부처가 되라는 뜻입니다.

연등(燃燈)

　연등(燃燈)은 석가모니(釋迦牟尼)부처님의 탄생일(誕生日)에 어김없이 등장되는 것인데 스님들은 석탄일이 다가오면 연등(燃燈)을 준비하여 사찰(寺刹)안과 밖에 달아놓고 시주(施主)를 한 불자(佛子)들의 이름을 붙여 불을 켜주고 있습니다. 그런데 이제는 연등(燃燈)을 시위라도 하듯 길거리까지 연등(燃燈)을 걸어놓는 것을 볼 수 있습니다. 문제는 스님들이나 불자들이 연등은 무엇을 상징(象徵)하는지 그리고 무엇 때문에 연등(燃燈)에 불을 붙이는지 그 의미를 아는 것이 매우 중요하다는 것입니다.
　연등(燃燈)은 바로 부처님의 탄생을 의미하고 있습니다. 왜냐하면 부처님이 전생(前生)에 보살(菩薩)로 계시면서 인욕(忍辱)정진을 하고 계실 때 연등불(燃燈佛)께서 너는 내세(來世)에 부처가 될 것이며 이름을 석가모니(釋迦牟尼)라 하리라는 수기(授記)를 받고 태어나셨기 때문입니다. 그리고 연등(燃燈)은 곧 연꽃을 의미하고 있는데 그 이유는 연꽃이 피어나는 과정을 보면 부처님이 태어나는 과정과 흡사하기 때문입니다.

연꽃은 물밑 진흙 속에 뿌리를 내린 후 그 줄기가 물을 헤치고 밖으로 나와 꽃을 피우는 것입니다. 이렇게 연꽃이 피어나는 과정과 같이 부처님은 무명의 중생가운데서 출가(出家)를 한 후 삼보(三寶)에 귀의(歸依)하여 육바라밀의 과정을 거쳐 해탈(解脫)이 되어 부처가 되신 것입니다. 때문에 연등(燃燈)이나 연꽃은 곧 부처님을 화두(話頭)로 말씀하고 있는 것입니다.

그러므로 석탄일에 연등(燃燈)에 불을 켜는 것은 부처님과 같이 해탈(解脫)하여 부처가 되라는 뜻입니다. 즉 연등(燃燈)은 불자들의 몸을 말하고 연등(燃燈) 안에 불을 붙이는 것은 불자들 안에 진리의 불을 붙여 해탈하여 부처가 되라는 뜻입니다. 그런데 석탄일에 스님들이나 불자들이 연등(燃燈)을 바라보고 자신 안에 진리의 불을 켜서 부처가 될 생각은 하지 않고 스님들은 연등(燃燈)을 만들어 불자들에게 돈을 받고 팔며 불자들은 연등(燃燈)을 달아놓으면 부처님께 복을 받아 잘 살 수 있다는 소망으로 등을 걸어놓는 것입니다.

스님들이 부처님이 탄생하신 거룩한 석탄일(釋誕日)에 이러한 행위를 하는 것은 부처님을 팔아서 돈을 치부하는 것과 다름이 없는 것입니다.

그러므로 오늘날 스님들이나 불자들은 이러한 잘못을 참회(懺悔)하고 부처님의 뜻에 따라 올바른 신행생활을 해야 합니다.

올바른 신행생활은 부처님의 말씀으로 자신 안에 진리의 불을 붙여 욕심(탐(貪), 진(瞋), 치(癡))을 하나하나 불태워서 해탈하여 부처가 되는 것입니다.

15
방생(放生)

오늘날 불자들이 행해야 할 방생은
불교의 교리나 제도(制度)의 틀 속에 갇혀서
종노릇하고 있는 중생들과 부처님으로부터
자기 욕심을 채우려고 운수대통(運輸大通) 만사형통(萬事亨通)만
찾다가 죽어가는 중생들을 깨우쳐
구원하는 방생을 해야 합니다.

방생(放生)

　방생(放生)은 강이나 호수 혹은 들이나 산에서 잡은 물고기와 새들 그리고 짐승들을 놓아주는 것을 말합니다. 이렇게 방생은 어부나 낚시꾼들 혹은 사냥꾼들에게 잡혀서 죽어가는 물고기나 들짐승 혹은 새들을 돈을 주고 사가지고 강이나 호수 그리고 들이나 산에 놓아주는 것을 말하고 있습니다.

　이렇게 어항 속이나 새장 혹은 짐승들의 우리 속에서 죽음을 기다리고 있는 물고기나 새나 짐승들을 놓아주면 그 선업(善業)으로 복을 받아 이생에서 행복하게 잘 살수있고 내생(來生)에도 좋은 환경이나 극락(極樂)에 태어난다는 소망 때문에 방생을 하는 것입니다. 때문에 사찰(寺刹)에서 스님들이 방생을 년중 행사로 봄, 가을로 신도(信徒)들과 함께 구입한 물고기들을 놓아 주려고 버스를 대절하여 방생하러 가는 것을 볼 수 있습니다.

　이렇게 우리나 틀 속에 갇혀서 죽어가는 생명을 살려주는 방생은 좋은 일이며 선업이라 할 수 있습니다. 때문에 불자들은 누구나 한 두 번은 방생을 한 경험이 있으며 지금도 방생을 지속적으로 행하고 있는 분들도 있습니다. 그런데 만일 이렇게 방생을 하여 복을 받아 운수(運輸)가 대통(大通)하고 만사(萬事)가 형통(亨通)하다면 그리고 방생을 한 선업(善業)으로 죽어서도 극락(極樂)을 갈 수 있다면 어느 누구나 방생(放生)을 해야 한다고 생각합니다.

그러나 부처님은 물고기나 금수(禽獸)와 같은 짐승들을 방생한다 해서 복을 받고 극락(極樂)을 간다고 말씀하신 적이 없다는 것입니다. 때문에 불자들은 방생을 하기 전에 먼저 부처님이 말씀하시는 방생은 어떤 뜻이며 무엇을 방생하라고 가르쳐주셨는가를 아는 것이 더 중요하다고 생각합니다.

불경(佛經)을 보면 부처님께서 살생(殺生)하지 말라는 말씀이 있습니다. 때문에 오늘날 스님들이나 불자들 중에 지금도 모기 한 마리도 죽이지 않고 고기를 먹지 않는 분들이 있는 것입니다. 그런데 불자들이 이제는 산목숨을 죽이지 않는 것은 물론 죽어가는 생명을 살리는 자비를 행하고 있는 것입니다. 참으로 좋은 일이며 선업이라 할 수 있습니다. 그런데 부처님께서 하신 방생(放生)은 지금 불자들이 행하고 있는 방생과 좀 다르다는 것입니다. 그러면 부처님께서 손수 행하시며 불자들에게 보여주시고 가르쳐주신 진정한 방생은 어떤 뜻이며 무엇을 방생하셨는지 알아보기로 하겠습니다.

불경(佛經)을 보면 부처님께서 물고기나 짐승을 놓아주는 방생을 하신 것이 아니라 물고기나 짐승의 상태에 있는 무명(無明)의 중생들을 제도(濟度)하여 방생(放生)하였다는 것입니다. 즉 부처님은 물고기나 짐승들을 방생한 것이 아니라 지옥계(地獄界)에서 고통 받으며 죽어가는 무명(無明)의 중생들을 제도하고 살려서 부처를 만드셨다는 것입니다. 즉 부처님은 지옥계에서 죽어가는 중생들을 아귀계(餓鬼界)로 방생하고 아귀계에서 머물고 있는 중생들은 축생계(畜生界)로 방생하고 축생계에 있는 중생들은 수라계(修羅界)로 방생하고 수라계에 있는 중생들은 인간계(人間界)로 방생하고 인간계에 있는 중생들을 천상계(天上界)로 방생하여 부처를 만드셨다는 것입니다.

그러므로 오늘날 불자들은 물고기나 짐승들만 방생을 하여 복만 받으려고 할 것이 아니라 부처님이 행하신 방생에 따라 지옥계에서 고통 받고 있는 무명의 중생들을 깨우쳐서 아귀계로 방생하고 아귀계에 있는 아귀들은 축생계로 방생해야 합니다.

부처님은 육바라밀(六波羅蜜)을 통해서 지옥계에 있는

중생이 지옥계를 벗어나려면 보시행(布施行)을 해야 한다고 말씀하고 계십니다. 그런데 지옥계에 있는 중생들은 미물(微物)과 같은 존재이기 때문에 아귀계의 아귀나 축생계에 있는 축생들이 도와주지 않으면 지옥계에서 아귀계로 스스로 나올 수가 없다는 것입니다. 그러므로 아귀계에 있는 중생들은 지옥계에 갇혀서 죽어가는 중생들을 찾아가 아귀계로 방생해야 합니다. 이렇게 아귀계에 머물고 있는 아귀들이 지옥계에 있는 중생들을 방생하는 일을 계속한다면 아귀들이 아귀계를 벗어나 축생계로 들어가게 되는 것입니다. 그런데 불자들은 부처님께서 행하시고 가르쳐주신 방생의 진정한 뜻을 모르기 때문에 시장에서 물고기나 새들을 사서 놓아주는 방생만 하고 있는 것입니다. 그러므로 이제 부처님께서 가르쳐주신 진정한 방생을 알았다면 이제부터라도 올바른 방생(放生)을 해야 합니다.

오늘날 불자들이 행해야 할 방생은 불교의 교리나 제도(制度)의 틀 속에 갇혀서 종노릇하고 있는 중생들과 부처님으로부터 자기 욕심을 채우려고 운수대통(運輸大通) 만사형통(萬事亨通)만 찾다가 죽어가는 중생들을 깨우쳐 구원하는 방생을 해야 합니다. 이러한 방생은 스님들이 먼저 알고 불자들을 올바로 가르쳐서 삼독(三毒)인 탐(貪), 진(瞋),

치(癡)로 인해서 죽어가는 중생들을 제도(濟度)하여 살리는 방생을 해야 하는 것입니다. 이렇게 부처님께서 원하시고 기뻐하시는 방생은 제도(制度)의 틀 속이나 기복(祈福) 속에서 욕심으로 죽어가는 중생들을 제도(濟度)하여 살리는 것입니다.

그러므로 지옥계에 살고 있는 중생은 보시를 행하여 지옥계에서 나와야 하며 지옥계에서 나온 아귀들은 지옥계에 있는 중생들을 구원하여 아귀계로 방생해야 합니다. 그러면 아귀계에 있는 중생들이 축생계로 나아가 축생이 되는 것입니다.

이렇게 축생계에 있는 중생이 아귀계에 있는 아귀들을 방생하면 수라계로 들어가게 되고 수라계에 있는 중생들이 축생들을 방생하면 인간계로 들어가 인간이 되는 것이며 인간계에 있는 인간들이 수라계의 중생을 방생하면 천상계에 올라가 부처가 되는 것입니다. 이렇게 부처님께서 말씀하시는 방생은 불자들에게 아주 중요하며 누구나 행해야 할 일들입니다.

그러므로 이제 불교의 교리(敎理)나 제도(制度)의 틀 속에서 벗어나 부처님이 원하시는 진정한 방생(放生)을 해야 합니다. 왜냐하면 오늘날 불자들이 불교의 교리나 의식에 사로잡혀 있고 또한 기복신앙(祈福信仰)에 치우쳐 진리를 외면하고 있기 때문입니다.

    부처님은 지금도 불자들이 교리나 제도(制度)의 틀 속에서 벗어나 부처님이 가르쳐주신 육바라밀(六波羅蜜)을 통해서 해탈(解脫)하여 부처가 되길 원하고 계십니다.

감추인 악

혀 밑에 감추인 악을

토해 버리지 않으면

독사의 쓸개가 되며

감추인 악을 진토에 버리면

해맑은 빛이 되어 어둠을 비추리

교만은 덫이 되어

멸망에 이르고

겸손은 생수되어

영원하리라

16 부처님의 탑묘(塔廟)

부처님께서 말씀하시는 진정한 사리(舍利)는
부처님의 입에서 나오는 말씀을 말하며
부처님의 유해가 담긴 진정한 사리탑(舍利塔)은
사구게(四句偈)인 사성제를 수지독송(受持讀誦)하여
깨달아 성불하신 부처님들을 말합니다.

부처님의 탑묘(塔廟)

탑묘(塔廟)는 부처님이나 성자들의 유골을 안치하고 공양하기 위해 퇴토(堆土)나 돌이나 기와 혹은 나무로 높게 쌓아 만든 탑(塔)을 말합니다. 즉 탑묘(塔廟)는 부처님이나 성자들의 유해(遺骸)를 모셔놓은 묘(廟)로 곧 성자들의 무덤을 말합니다. 오늘날 사찰(寺刹)에 모셔놓은 탑(塔)을 사리탑(舍利塔)이라고 말하는 것은 탑 안에 부처님의 유골(遺骨)을 모셔놓았다는 뜻입니다. 이 때문에 불자들이 절에 가면 부처님의 사리(舍利)가 안치된 탑(塔) 주변을 열심히 돌며 탑을 향해 예의(절)를 올리는 것입니다. 그런데 불자들이나 스님들이 부처님의 사리(舍利)를 모셔놓은 사리탑(舍利塔)을 날마다 돌며 수없이 절을 하여도 탑은 아무런 가르침이나 깨달음을 주지 못합니다.

왜냐하면 탑묘는 부처님이나 성자들의 유해(遺骸)를 모셔놓은 일종의 무덤일 뿐이기 때문입니다. 부처님께서 말씀하시는 진정한 사리(舍利)는 부처님의 입에서 나오는 말씀을 말하며 부처님의 유해가 담긴 진정한 사리탑(舍利塔)은 사구게(四句偈)인 사성제를 수지독송(受持讀誦)하여 깨달아 성불하신 부처님들을 말합니다. 즉 진정한 사리(舍利)는 부처님의 입에서 나온 말씀이며 사리탑(舍利塔)은 부처님의 말씀이 담겨있는 오늘날 산부처(生佛)라는 것입니다. 왜냐하면 오늘날 불자들을 가르칠 수 있고 깨닫게 하여 부처를 만들 수 있는 분은 절에 모셔놓은 사리탑(舍利塔)이 아니라 오늘날 살아있는 부처님(生佛)이기 때문입니다.

이렇게 오늘날 깨달아 부처가 되신 생불(산부처)만이 진정한 부처님의 사리탑(舍利塔)이며, 경이며 불자들 모두가 공경(恭敬)하며 섬겨야 하는 진정한 절 당입니다. 그러므로 오늘날 불자들은 절에 모셔놓은 사리탑(舍利塔)만을 공경할 것이 아니라 오늘날 깨달은 산부처를 찾아 공경하며 그의 가르침을 받아야 하는 것입니다. 결국 부처님이 말씀하시는 진정한 사구게(四句偈)나 경(經)의 모든 말씀은 오늘날 산부처님의 입에 있다는 것입니다.

그런데 오늘날 산부처님이 어느 곳에 계신지 그리고 그분은 어떤 사람인지를 알 수가 없다는 것입니다. 그러나 오늘날 불자들이 오늘날 산부처(生佛)를 찾기 위해 부처님께 간절한 마음으로 열심히 기도를 한다면 부처님의 자비(慈悲)와 그의 도우심으로 반드시 만나게 될 것입니다.

존재

바람에 뒹굴며 물 흐름 따라 살아온 나날들
그 안에서 벗어나려 온갖 애를 썼었네
그러나 내 존재가
한낱 바람에 흩날리는 낙엽의 존재임을
이제야 알았네

돌이 되려 돌을 삼키고 또 삼켰네
점차 자신의 중력을 느끼며
세찬 바람에도 견딜 수 있게 되니

이제 하늘의 푯대를 향해
한 걸음 두 걸음 제길 찾아 달려가건만
아직도 푯대는 멀고 희미하게 보인다네

17
부처님의 각종 형상들

오늘날 스님들이나 불자들이 믿고 섬겨야할 부처님은
사람들이 만들어 놓은 불상이 아니라
오늘날 진리를 깨달아 부처님이 되신 산부처, 즉 생불(生佛)입니다.

부처님의 각종 형상들

오늘날 스님들과 불자들은 사찰(寺刹)의 법당(法堂)에 각종형상의 부처님을 만들어 모셔놓고 예불(禮佛)을 드리며 절을 하고 있습니다. 그런데 이러한 부처님의 형상들은 스님들이 무엇을 근거로 해서 만든 것일까요? 부처님의 형상은 인도의 신화적(神話的) 군주인 전륜성왕(轉輪聖王)의 삼십이상(三十二相)을 근거로 하여 만든 것입니다.

전륜성왕은 중생들과 전혀 다른 삼십이상(三十二相)을 가지고 있는데 이를 서상(瑞相)이라 말합니다. 서상(瑞相)을 상호(相好)라고도 말하는데 서상(瑞相)이란 뜻은 위인이 갖추고 있는 뛰어난 특징, 즉 전륜성왕(轉輪聖王)이나 부처님의 신체에 갖추고 있는 32가지 특별한 표상을 말합니다.

전륜성왕(轉輪聖王)은 실제 인물이 아니라 인도의 신화적(神話的)인 군주(君主)입니다. 인도에서 세속에 있는 사람이 32상을 갖추면 전륜성왕(轉輪聖王)이 되고 출가를 하여 수행을 하면 부처님이 된다고 말하고 있습니다. 그런데 삼십이상(三十二相)은 경전마다 조금씩 다르게 기록되어 있습니다. 이렇게 삼십이상(三十二相)은 부처님의 본래 모습이 아니라 전륜성왕(轉輪聖王)이 갖추고 있는 특징들을 부처님의 신체에 적용한 것이라 전해오고 있습니다. 즉 부처님의 삼십이상(三十二相)은 부처님의 참모습이 아니라는 것입니다. 그러나 사람들이 불상을 조각할 때는 반드시 삼십이상(三十二相)을 근거로 하여 부처님을 만들고 있습니다.

그러므로 불자들은 불교에서 전통적으로 전수되어 오고 있는 부처님의 삼십이상(三十二相)에 대해서 분명히 알아야합니다.

삼십이상(三十二相)

1) 두상(頭上)에 머리를 틀어 올린 상투처럼 불룩 불룩 나와 있는 것.
2) 신체(身體)의 털이 모두 오른 쪽으로 말려 있는 것. 혹은 오른쪽으로 말린 두발(頭髮)을 가지고 있다고 함.
3) 앞이마가 평평하고 바른 것.
4) 미간에 하얗고 부드러운 털이 있고 오른 쪽으로 말려 있는 것.
5) 눈동자가 감청색이고 속눈썹이 암소의 그것과 같음.

6) 치아가 40개이며 이가 가지런하고 하얗게 빛남.
  (일반사람의 이는 32개임)
7) 이가 평평하다. 치열이 좋다는 뜻임.
8) 이가 벌어지지 않아 틈새가 없음.
9) 이가 하얗고 깨끗함.
10) 최상의 미감(味感)을 가지고 있음. (타액으로 모든 맛을 좋게 만든다고 함)
11) 턱뼈가 사자와 같음. (외도를 부수는 모습)
12) 혀가 길고 좁음. 부처님의 혀는 얇고 부드러우며 혀를 길게 내밀면 얼굴을 감싸고 혀끝이 귀털의 가장자리에 까지 이른다고 함.
13) 절묘한 음성을 가지고 있다. 목소리가 맑고 멀리까지 들림.
14) 어깨의 끝이 매우 둥글고 풍만함. 부처님의 힘이 강력하다는 뜻.
15) 일곱의 융기(隆起: 높이 들림)가 있음. 즉 양손, 두 발, 두 어깨, 머리가 남달리 크고 유연함.
16) 두 겨드랑 아래의 살이 평평하고 원만함.
17) 피부가 부드러우며 황금색이 남.
18) 양손이 길어 똑바로 서서 손을 내리면 무릎까지 내려옴.

19) 상반신(上半身)이 사자와 같음. 위풍당당(威風堂堂) 한 모습으로 두려움이 없다는 것을 나타냄.
20) 신체(身體)가 건장하여 신장(身長)이 두 손을 펼친 길이와 같음.
21) 모발(毛髮) 하나 하나가 모두 오른쪽으로 말려 있음.
22) 신체의 털이 모두 위로 향해 있음.
23) 남근(男根)이 몸의 내부에 감추어져 있음.
24) 넓적다리가 둥글게 되어 있음.
25) 발의 복사뼈가 밖으로 노출되어 있고 발등이 높고 유연함.
26) 손발이 부드럽고 유연함.
27) 손과 발가락 사이에 엷은 망이 붙어있음. 이는 손과 발가락 사이에 오리발처럼 갈퀴가 붙어있다는 것.
28) 손가락이 매우 길음.
29) 손바닥에 고리표시가 있음. 손바닥에 수레바퀴 같은 무늬가 있음.
30) 발바닥이 평발과 같이 평평함.
31) 발꿈치가 넓고 길며 풍만함.
32) 종아리가 사슴의 다리와 같음. 장딴지가 섬세하고 원만하여 사슴왕의 다리와 같다는 것을 말함.

상기와 같이 전륜성왕(轉輪聖王)이 갖추고 있는 삼십이상(三十二相)은 모두 인도인들이 만들어낸 신화(神話)이며 실제 인물도 아니고 부처님의 상도 아니라는 것입니다. 우리나라도 예부터 전해오는 많은 신화(神話)들이 있는데 대표적으로 단군신화(檀君神話)와 박씨의 조상 박혁거세가 알에서 태어났다는 것들입니다. 이처럼 신화란 모두 사람들이 만들어 낸 이야기입니다.

이렇게 오늘날 불교의 사찰(寺刹) 안에 모셔놓은 금부처님이나 돌부처님은 모두 전륜성왕(轉輪聖王)의 삼십이상(三十二相)을 근거로 하여 만들어 놓은 것들입니다. 그런데 이렇게 사람들이 조각하여 만들어 놓은 불상(佛像)을 법당(法堂)에 모셔놓고 공양(供養)을 하고 절을 하며 기도를 하고 있습니다. 그러나 이렇게 사람들이 만들어 놓은 불상(佛像)은 공양을 드실 수도 없는 것은 물론 불자들이 하는 절이나 기도를 받으실 수가 없는 것입니다.

왜냐하면 사람들이 만든 부처님은 생명이 없는 한낱 조각품에 불과 하기 때문입니다. 이 때문에 오늘날 스님들이나 불자들이 믿고 섬겨야할 부처님은 사람들이 만들어 놓은 불상이 아니라 오늘날 진리를 깨달아 부처님이 되신 산부처, 즉 생불(生佛)입니다. 그러므로 오늘날 스님들이나 불자들은 오늘날 살아계신 부처님을 찾기 위해서 부처님께 간절히 기도를 해야 합니다.

왜냐하면 오늘날 살아계신 생불만이 불자들을 가르치고 깨닫게 하여 부처를 만들 수 있기 때문입니다. 오늘날 불자들이 분명히 알아야 할 것은 예전에 오셨던 부처님이나 오늘날 살아 계신 부처님의 몸은 우리 중생들과 조금도 다르지 않다는 것입니다.

단지 부처님이 우리 중생들과 다른 것은 부처님의 몸 안에 깨달은 진리, 즉 거룩하고 위대한 시대신(是大神)의 반야지(般若智)가 계시다는 것입니다. 부처님이 거룩하고 위대하다는 것은 부처님 육신이나 사람들이 만든 각종 형상(形象)들이 아니라 부처님 안에 있는 진리를 말합니다. 이렇게 불자들이 섬겨야 할 대상은 부처님 안에 계신 진리이지 부처님의 몸이 아닙니다.

왜냐하면 부처님의 육신은 배가 고프면 잡수셔야 하고 잡수시면 화장실에 가야하고 병이 들면 치료를 받아야 하는 몸이기 때문에 부처님은 대장간을 운영하는 "춘다"라고 하는 불자가 공양(供養)한 돼지고기를 잡수시고 토사곽란(吐瀉霍亂)이 나셔서 돌아가시게 된 것입니다.

이렇게 부처님의 신체는 인간 이상도 이하도 아니며 평

범한 중생의 몸과 다를 바가 없습니다.

부처님께서 우리중생과 전혀 다른 것은 부처님 안에는 천상천하(天上天下)에 가장 위대하고 존귀(尊貴)한 진리와 영원한 반야의 생명을 소유하고 계시다는 것입니다.

이상과 같이 부처님은 진리의 본체(本體)이시며 부처님 안에 계신 진리는 영원한 반야의 생명입니다.

18
불교의 개안식(開眼式)

사람의 손으로 제작한 부처님의 형상에
큰 스님들이 개안식을 하여 법당에 모셔놓았다 해도
그 부처는 사람들이 만든 조각품일 뿐
산부처가 아니라는 것입니다.

불교의 개안식(開眼式)

불교에는 새로 만든 부처님께 행하는 개안식이 있고 기독교에는 목사나 장로를 세울 때 행하는 안수식(按手式)이 있습니다. 그런데 개안식(開眼式)과 안수식(按手式)은 모두 죽은 생명을 의식을 통해서 살린다는 의미에서 유사하다고 생각합니다. 불교에서 부처님께 행하는 의식은 개안식 뿐만 아니라 점안식이 있는데 개안식은 새로 만든 불상(佛像)에 눈을 열어 주는 의식이며 점안식(點眼式)은 부처님의 형상(形象)을 그림으로 그린 후 마지막에 부처님의 얼굴에 눈동자를 그려 넣을 때 행하는 의식을 말합니다.

그런데 새로 만든 부처님은 생명자체가 없기 때문에 개안식(開眼式)을 하기 보다는 영혼을 불어넣는 점혼식(點魂式)을 해야 한다고 생각합니다. 그런데 스님들이나 불자들은 이렇게 사람이 만든 불상에 큰 스님들이 개안식을 올려야 죽은 부처가 살아나서 산부처가 되는 것이며 또한 부처님의 그림도 부처님의 얼굴에 점안식(點眼式)을 올려야 산부처님이 된다는 것입니다. 때문에 사람들이 불상을 아무리 공들여서 아름답게 만들어 놓고 부처님의 그림을 잘 그

렸다 해도 스님들이 개안식이나 점안식을 올리지 않으면 그 부처는 생명이 없는 죽은 부처라 생각하는 것입니다.

그러면 사람들이 만든 부처님이나 그림을 살리고 죽이는 분들이 바로 스님들이라는 것입니다. 과연 그럴까요? 문제는 부처님이 살아계실 때는 사람들이 부처님의 형상을 만들지도 않았고 부처님께서 개안식(開眼式)을 하시지도 않았다는 것입니다. 부처님은 단지 무명(無明)의 중생들을 진리를 가르치고 깨우쳐서 혜안(慧眼)을 열어주시는 일을 하신 것입니다. 이렇게 부처님은 죽은 중생들을 살려서 부처로 만들 수 있지만 아직 부처님의 생명이 없는 스님들은 부처를 만들 수 없다는 것입니다.

그럼에도 불구하고 아직 부처님의 생명이 없는 스님들이 지금도 죽은 부처를 살려서 법당에 모셔놓은 것입니다. 그러나 이렇게 사람의 손으로 제작한 부처님의 형상에 큰 스님들이 개안식을 하여 법당에 모셔놓았다 해도 그 부처는 사람들이 만든 조각품일 뿐 산부처가 아니라는 것입니다. 그런데 불자들은 사람의 손으로 만든 부처의 형상에 스님들이 개안식(開眼式)을 행하면 산부처님으로 믿고 절을 하며 공양(供養)을 올리고 있는 것입니다.

그러므로 오늘날 불자들은 사찰에 모셔놓은 부처님은

모두 살아계신 부처님이며 법당에 그려놓은 부처님들도 모두 살아계신 부처님으로 믿고 지극정성으로 모시며 절도 하는 것입니다. 그런데 이렇게 사람들이 만들어 모셔놓은 불상들이 불자들에게 길흉화복(吉凶禍福)을 주관할 수 있으며 운수대통(運輸大通)과 만사형통(萬事亨通)의 복을 줄 수 있느냐 하는 것입니다. 불자들 중에 법당(法堂)에 들어가 부처님께 백팔 배가 아니라 천 배를 올려도 외눈 하나 깜짝이지 않더라는 말을 하는 사람이 있습니다. 그것은 당연지사(當然之事)라 생각합니다. 왜냐하면 사람이 만든 불상은 부처님이 아니라 사람이 만들어놓은 조각품(彫刻品)에 지나지 않기 때문입니다. 왜냐하면 부처님의 실체에서도 말씀드렸듯이 부처님의 실체(實體)는 부처님의 몸이 아니라 부처님 안에 계신 말씀, 곧 진리이기 때문입니다.

그러므로 오늘날 불자들이 해탈(解脫)하여 부처가 되려면 오늘날 진리를 깨달아 진리로 오신 생불(生佛)을 만나서 올바른 가르침을 받아야 합니다. 그러면 오늘날 생불(生佛)께서 불자들을 가르치고 깨닫게 하여 혜안(慧眼)을 열어 주실 것입니다.

19 부처님이 말씀하시는 반야(般若)

반야는 단순한 지혜(智慧)가 아니라
실존(實存)으로 우주만물을 창조(創造)하고 주관(主管)하시는
신(是大神)을 말합니다.

부처님이 말씀하시는 반야(般若)

　반야(般若)는 무엇을 말하며 그 근본 실체는 과연 무엇을 말할까요? 불경에 반야(般若)라는 단어는 화두(話頭)중의 화두로 부처님의 모든 비밀이 이 한 단어 속에 모두 감추어져 있습니다. 이 때문에 불자들이 반야를 모르면 경(經)을 아무리 많이 보고, 수지독송을 하며 수행을 한다 해도 해탈(解脫)이 될 수가 없습니다. 그러므로 불자들은 설령 부처님의 말씀은 모른다 해도 반야만은 반드시 알아야 합니다. 산스크릿트어에 반야(prajna)는 혜(慧), 명(明), 지혜(智慧)라는 뜻으로 번역되는데 불교에서는 최상의 지혜라 말하고 있습니다.

　그러면 반야는 단순한 지혜를 말할까요? 문제는 불교인들이 지금까지 혜안(慧眼)이 없어 반야(般若) 너머에 있는 반야의 실체(實體)를 보지 못하고 있다는 것입니다.

　반야는 단순한 지혜(智慧)가 아니라 실존(實存)으로 우주만물을 창조(創造)하고 주관(主管)하시는 신(是大神)을 말합니다. 그런데 불자들을 인도하고 있는 스님들이나 불교(佛敎)학자들도 반야의 실체를 보지 못하고 불교에는 신

(神)이 없다고 신(是大神)의 존재를 부정하고 있다는 것입니다. 때문에 불교인들은 석가모니(釋迦牟尼)부처님은 그 어떤 신(神)을 의지하거나 아무런 도움도 받지 않고 스스로 깨달아 해탈(解脫)하여 부처가 되었다고 주장을 하고 있는 것입니다.

그런데 부처님이 깨달았다는 것은 곧 진리(眞理)를 깨달았다는 뜻입니다. 이것은 부처님이 계시기 이전에 이미 진리는 존재하고 있었다는 것입니다. 그러면 부처님이 진리를 깨닫고 나서 무엇을 알고 무엇을 보신 것일까요? 부처님은 진리를 깨달은 후 지혜(智慧)의 눈(慧眼)으로 반야(般若)의 실체를 본 것이며 그리고 반야는 곧 신(是大神)이라는 것을 알게 된 것입니다. 즉 부처님은 진리를 통해서 반야(般若)는 곧 신(是大神)이라는 것을 깨달았다는 것입니다. 부처님이 진리(眞理)를 깨닫게 된 것은 반야(是大神)가 이미 존재하고 있었기 때문에 그 반야지(般若智)를 통해서 깨닫게 되신 것입니다.

이렇게 부처님은 진리를 깨달아 부처가 되신 분이지 본래 진리(眞理)의 본체(本體)가 아닙니다. 반야(般若)는 진리를 깨달았을 때 부처님들 안에 나타나는 지혜(智慧)를 말합니다. 이 지혜(般若智)는 곧 시대신(是大神)이신 반야(般若)

에 의해서 나타나는 것입니다. 이렇게 반야는 단순한 지혜(智慧)가 아니라 실존하시는 신으로 우주만물을 창조하고 주관하시는 시대신(是大神)을 말합니다.

시대신(是大神)이란 뜻은 참으로 크신 신 혹은 참으로 정의로운 신의 말씀(진리)이라는 뜻입니다. 이렇게 부처님께서 그토록 오랜 세월을 모진 고행을 하시며 깨달으신 화두(話頭)의 비밀은 반야(般若)가 곧 시대신(是大神)이라는 것이었습니다.

부처님은 결국 반야(般若)가 시대신(是大神)이라는 것을 깨달으시고 반야(般若)에 의해 해탈(解脫)이 되어 부처가 되신 것입니다. 이 때문에 오늘날 불자들도 부처님과 같이 깨달아 부처가 되기 위해서 오늘도 부처님의 말씀 몇 구절을 붙잡고 혹은 단어 하나를 화두(話頭)로 삼고 그 속에 감추어진 화두(話頭)의 비밀을 깨닫기 위해 수행을 하고 있는 것입니다. 이렇게 부처님은 반야심경(般若心經)을 통해서 자신이 해탈(解脫)을 하여 성불(成佛)하게 된 것이 모두 반야(般若)에 의해서(반야의 도움으로) 되어진 것이라 말씀하고 있습니다.

이 말은 석가모니 부처님께서 신(神)이 존재하지 않았다면 해탈(解脫)이나 성불(成佛)이 될 수 없었다는 뜻입니다. 왜냐하면 무명(無明)의 중생들이 생로병사(生老病死)의 윤회(輪廻)에서 벗어나 영원한 세계로 들어가는 것은 오직 신(是大神)의 절대적인 권한이기 때문입니다. 이 때문에 석가모니(釋迦牟尼) 부처님은 반야심경(般若心經)을 통해서 반야(般若)를 신(神)이라 말씀하시면서 성불(成佛)은 "의 반야(依 般若)", 즉 관자재보살(觀自在菩薩)이나 보리살타 부처님이나 삼세제불(三世諸佛) 부처님까지도 모두 시대신(是大神)인 반야(般若)에 의해서 되었다고 말씀하시는 것입니다.

그런데 오늘날 불교에서는 반야(般若)를 실존 없는 지혜로 주장할 뿐 신(神)의 존재를 부정하며 불교에는 신(神)이 존재하지 않는다고 말하고 있습니다. 그러나 신(神)이 존재하지 않는다면 인간은 물론 자연만물이나 부처님도 존재할 수 없다는 것을 알아야 합니다.

이 말은 인간들의 생명이나 부처님의 생명도 모두 창조주인 반야 곧 시대신(是大神)의 주관 하에 존재하고 있다는 뜻입니다. 때문에 석가모니 부처님은 반야를 시대신주(是大神呪)요, 시대명주(是大明呪)요, 시무상주(是無上呪)요, 시무등등주(是無等等呪)라 말씀하신 것입니다. 이렇게 석가모니 부처님은 반야심경을 통해서 가장 중요하게 그리고 분명하게 드러내신 것이 바로 신(神)의 존재인데 이 신(神)을 바로 반야(般若)라고 말씀하신 것입니다.

    그런데 불교학자들이나 스님들은 반야(般若)를 단순히 지혜(智慧)라고 주장을 하고 있습니다. 그러나 세상의 지혜나 부처님의 지혜도 모두 실존(사람이나 신)이 존재하고 있기 때문에 그 존재로부터 나오는 것이지 어느 창고나 금고 속에서 갑자기 튀어 나오는 것이 아닙니다. 이렇듯이 불교에서 지혜(智慧)라고 주장하는 반야는 반야(是大神)라는 실존이 존재하기 때문에 반야(是大神)로부터 나오는 것이지 본체(本體)가 없는 지혜가 공중에 떠있거나 땅 속 깊이 들어있다 갑자기 나타나는 것이 아닙니다.

    부연(敷衍)하면 반야(般若)는 실제 존재하고 있는 신(神)이시며 지혜는 신(神)으로부터 나오는 말씀(呪)을 말합니다. 이렇게 반야(般若)는 유일신(唯一神)인데 이 반야(般若)를 불교에서는 불(佛)이라 말하며 기독교에서는 "하나님"이라 말하고 이슬람교도들은 "알라"라 부르는 것입니다. 이것은 하늘에 있는 태양을 한국 사람들은 "해"라 말하고 미국 사람들은 "썬"이라 말하는 것과 같습니다.

    그런데 이렇게 엄연히 살아계신 신(神)을 불교인들은 없다고 부정을 하며 불교에는 신이 존재하지 않는다고 주장을 하고 있는 것입니다. 오늘날 수행불자들이 수십년 동안 도(道)를 닦아도 해탈(解脫)이 되지 않는 것은 신(神)을 부정하고 신을 의지하지 않기 때문입니다.

그러므로 오늘날 불자들은 이제부터라도 반야(般若)를 단순한 지혜라는 고정관념(固定觀念)에서 벗어나 반야를 신(神)으로 인정하고 신을 믿고 의지해야 합니다. 그러면 반야(般若)로부터 무한한 지혜를 얻어 자신의 존재를 깨닫게 될 것이며 해탈에도 이를 수 있을 것입니다. 그런데 만일 불자들이 반야(般若)가 신(神)이라는 것을 계속 부정하며 신의 도움을 받지 않는다면 아무리 열심히 수행을 한다 해도 해탈은 절대로 되지 않는다는 것을 알아야 합니다.

왜냐하면 반야(般若)는 시대신(是大神)으로 모든 만물을 창조(創造)하고 주관(主管)하는 유일무이(唯一無二)한 절대신(神)이시며 중생들은 반야로부터 창조(創造)를 받아야 할 피조물(被造物)들이기 때문입니다.

스님들이 중생들에게 미물과 같은 존재라고 하는 말은 미생물과 같은 존재라는 말인데 이것은 신으로부터 창조를 받아야 할 피조물이라는 뜻입니다.

그러므로 미물과 같은 존재들은 하루속히 반야(般若)를 신(神)으로 믿고 의지하여 부처님의 존재로 창조를 받아야 하는 것입니다. 이렇게 반야를 신으로 믿고 의지 할 때 반야(般若)로부터 자비와 사랑이 넘칠 것이며 반야(般若)의 도우심으로 해탈(解脫)에도 이르게 될 것입니다.

20

백종(百種) 날과 천도제(遷度祭)

오늘날 불자들은 백종(百種)날 절에 가서 천도제(遷度祭)를 드리고 시주(施主)만 할 것이 아니라 목건련과 같이 주변에 죽어가는 영혼들을 부처님의 말씀을 가지고 포교(布敎)하고 법보시를 하여 제도(구원)해야 합니다.

백종(百種) 날과 천도제(遷度祭)

불자들은 백종(百種)날이 되면 어김없이 절에가서 돌아가신 영혼들을 위해서 부처님께 시주를 하며 천도제(遷度祭)를 올리고 있습니다. 천도제(遷度祭)는 돌아가신 조상들이나 친척들의 영혼의 명복을 빌며 그 영혼들이 불국정토 극락세계에 태어나도록 기원(祈願)하는 제사(祭祀)입니다.

백종(百種)은 음력 7월 15일인데 백종의 유래는 석존(釋尊) 당시에 목건련이 지옥에 떨어져 있는 어머니를 제도(濟度)하기 위해 백가지 음식을 차려 놓고 그 음식들을 스님들에게 공양(供養)하였는데 그 공덕(功德)으로 목건련의 어머니는 지옥(地獄)에서 나와 천당(天堂)에 태어났다고 합니다.

그 이후에 스님들이 이날을 기념하기 위해 백종(百種)날로 정한 것인데 불자들은 이날 절에 가서 돌아가신 조상이나 가족들을 위해 천도제(遷度祭)를 올리고 있는 것입니다. 문제는 스님들이 백종날 죽은 영혼들을 위해 부처님께 시주(헌금)를 해야 그 영혼의 업장(業障)이 소멸(消滅)되어 극락세계로 들어간다는 것입니다. 때문에 불자들은 백종날 절에가서 돌아가신 분들의 영혼을 위해 시주(施主)를 하며 천도제(遷度祭)를 올리고 있는 것입니다. 그러면 세상에서 유전무죄(有錢無罪) 무전유죄(無錢有罪), 즉 돈이 있는 사람은 죄가 없고 돈이 없는 사람은 죄인이라는 말과 같이 부처님도 돈 있는 사람은 극락에 보내고 돈 없는 사람은 지옥으로 보낸다는 것입니다.

이렇게 스님들은 부처님의 말씀을 모르기 때문에 부처님을 모욕하고 있으며 영혼들을 죽이고 있다는 것을 모르고 있는 것입니다. 어느 절에서는 공공연하게 백종날이 바로 지옥(地獄)문이 열리는 날이라고 거짓말을 만들어내어 불자들에게 이날 부처님께 시주(돈)를 해야 죽은 영혼의 모든 업장(業障)이 소멸(消滅)되어 지옥에서 나와 극락세계(極樂世界)로 들어간다고 금품을 요구하고 있는 것입니다.

이러한 행위는 무지한 불자들을 속여서 부처님을 팔아 돈을 치부하는 악한 행위며 사기행각(詐欺行脚)입니다. 이러한 일은 불교뿐만 아니라 천주교에서도 있었던 일로 베드로성당을 건축할 때 건축자금이 모자라니까 교인들에게 죽은 영혼을 위해서 헌금을 하면 그 영혼이 지은 죄가 사해져 천국으로 들어간다는 명목으로 면죄부(免罪符)를 판 적이 있습니다.

이러한 모든 행위들은 자신들의 유익을 위해 부처님과 예수님을 파는 행위인데 어리석은 불자나 교인들은 스님이나 신부님의 말을 그대로 믿고 시주(施主)를 하며 헌금도 내는 것입니다. 이 모두가 부처님의 말씀을 모르기 때문에 일어나는 일이며 또한 이렇게 부처님이나 예수님을 파는 죄 값이 얼마나 크다는 것을 모르기 때문에 일어나는 일들입니다.

부처님께서 인간의 모든 만사는 인과(因果)에 의해 응보(應報)가 결정되는 것이지 타인(他人)이 대신 시주(施主)를 하거나 돈을 많이 낸다 해서 업장(業障)이 소멸(消滅)되거나 죄가 용서되는 것이 아니라고 말씀하고 있습니다.

그보다 더 중요한 것은 어떤 경(經)에도 부처님께서 백종(百種)날 죽은 사람을 위해서 제사를 드리거나 시주(施主)를 한다 하여 죽은 사람의 업장(業障)이 소멸되거나 지옥에 있는 영혼이 극락세계(極樂世界)로 들어간다고 말씀한 적이 없다는 것입니다.

부처님은 지옥계에 머물고 있는 중생이 아귀계로 나오려면 보시(布施)를 해야 한다고 말씀하시며 아귀계에 있는 중생이 축생계로 나오려면 계율(戒律)을 지켜야 하고 축생계에 있는 중생이 수라계로 나오려면 인욕(忍辱)정진을 해야 하고 수라계의 중생이 인간계로 나오려면 정진수행(精進修行)을 해야 한다고 말씀하고 있습니다. 이러한 과정을 모두 마치고 인간계에 들어가야 선정(禪定)을 통해서 비로소 해탈이 되어 천상(극락)에 들어가 부처가 된다고 말씀하고 계십니다.

이렇게 부처님은 무명의 중생이 천상(天上)인 극락(極樂)세계에 들어가려면 이러한 육바라밀(六波羅蜜)의 과정을 통과해야 들어가는 것이지 백종(百種)의 음식이나 시주(施主)돈을 내서 들어가는 것이 아니라고 말씀하십니다. 때문에 목건련이 스님에게 공양(供養)을 했다는 백종의 음식도 스님들이 먹는 음식을 공양한 것이 아니라 수많은 중생들을 제도(구원)하여 부처님께 인도했다는 것을 화두(話頭)로 말씀하신 것입니다.

즉 목건련은 부처님의 말씀을 가지고 많은 중생들에게 포교(布敎)하며 법보시(法布施)를 하여 불자들을 만들어 부처님께 인도하였다는 뜻입니다. 그러므로 오늘날 불자들은 백종(百種)날 절에 가서 천도제(遷度祭)를 올리고 시주(施主)만 할 것이 아니라 목건련과 같이 주변에 죽어가는 영혼들을 부처님의 말씀을 가지고 포교(布敎)하고 법보시를 하여 제도(구원)해야 합니다.

그러면 그 공덕(功德)으로 자신이 쌓은 업장(業障)이 소멸(消滅)되어 해탈이 될 것이며 부처님께서 돌아가신 조상들의 영혼에게도 자비(慈悲)를 베푸실 것입니다,

21 사십구제 (四十九祭)

사십구일은 전생의 인과(因果)에 따라서
심판을 받는 기간이며 이때 선악(善惡)간에
자신이 지은 업(業)에 따라 내생(來生)의 운명(運命)도 결정되어
다시 태어나게 되는 것입니다.

사십구제 (四十九祭)

절에 가면 사람이 죽은 지 49일되는 날에 가족들이 모여 그 영혼(靈魂)을 위해 사십구제를 드리는 것을 볼 수 있습니다. 사십구제는 돌아가신 영혼을 천도(遷度)하기 위해 제사(祭祀)를 드리는 것으로 백종(百種)제사와 유사(類似)하나 좀 다른 것은 사십구제는 사람이 돌아가신 시점에서 사십구일이 되는 날에 드리는 것이며 백종(百種)제사는 돌아가신 날의 기간과 관계없이 돌아가신 영혼들의 업장(業障)을 소멸(消滅)하여 극락세계(極樂世界)로 인도하기 위해 제사를 드리는 것입니다.

사십구제는 7일에 시작하여 7번, 즉 49일 동안 드리기 때문에 칠칠제 라고도 말합니다. 사십구일은 중유(中有), 즉 사람이 의식이 끊어진 후 그 영혼(靈魂)이 다시 태어나기 까지 영혼이 머물고 있는 기간을 말하는데 이 기간에 다시 태어나는 연(緣)이 정해져 태어나게 된다고 합니다. 때문에 가족들이 초이레(7일)에 시작하여(일곱 번) 49일 동안 그 영혼을 위해서 경(經)을 읽고 부처님께 예불(禮佛)을 드리는 것인데 이는 가족들이 그 영혼을 위해 49제를 드린

과보(果報)로 좋은 곳에 태어나 성불(成佛)할 수 있도록 기원(祈願)하는 제사(祭祀)의식입니다.

그런데 부처님이 말씀하시는 사십구일은 죽었다가 다시 태어나는 기간을 날 수로 계산한 49일이 아니라 상징적(象徵的)인 수이기 때문에 영혼에 따라서 49일에 태어날 수도 있지만 어떤 영혼은 사십구 년이나 혹은 사백구십 년만에 태어 날 수도 있다는 것입니다. 그리고 이 기간(期間)은 세상에서 선악(善惡) 간에 자신이 지은 업(業)을 심판 받는 기간으로 선한 업을 쌓은 사람은 극락으로 들어가거나 아니면 좋은 환경에 태어나지만 악업을 쌓은 사람은 그 죄가에 따라 하 지옥이나 중 지옥 그리고 상 지옥에 태어나 각기 다른 고통을 받게 되는 것입니다.

이렇게 사십구일은 전생의 인과(因果)에 따라서 심판을 받는 기간이며 이때 선악(善惡)간에 자신이 지은 업(業)에 따라 내생(來生)의 운명(運命)도 결정되어 다시 태어나게 되는 것입니다. 때문에 자손들이 이 기간 동안에 돌아가신 영혼(靈魂)을 위해서 부처님의 말씀이 기록된 경(經)을 읽어 드리며 49제를 드리는 것은 좋은 일이라 생각합니다. 그런데 요즈음은 돈이 없으면 49제도 드리지 못한다는 것입니다. 왜냐하면 49제를 드리려면 최하 이백만 원부터 시작하여 몇 천만 원까지 절에다 시주(施主)를 해야 스님들이 49제를 드려주기 때문입니다.

　그러면 돈 없는 사람은 49제를 드릴 수 없고 따라서 죽은 영혼도 지옥(地獄) 같은데 태어나 고통을 받을 수밖에 없다는 것입니다. 이렇게 돈이 있어야 극락도 갈 수 있는 세상으로 변한 것입니다. 불자들은 스님들이 세속의 욕심을 버리고 부처님의 뜻에 따라 중생들을 제도(濟度)하고 죽은 영혼을 위해서 명복(冥福)을 빌어주는 좋은 분들이라고 믿고 있는데 절에 가보면 사사(私事)건건 마다 돈이 결부(結付)되어 있기 때문에 돈이 없으면 신행생활도 할 수 없다는 것을 알고 실망하는 사람도 있습니다.

　때문에 사람들이 요즘 불교는 너무 부패(腐敗)하여 이제는 영혼을 제도(濟度) 하는 곳이 아니라 중생들의 영혼(靈魂)을 담보(擔保)로 하여 돈을 치부(致富)하는 종교사업체(宗敎事業體)라는 말들을 하는 것입니다. 문제는 부처님께서 시주(施主)돈을 내고 천도제(遷度祭)를 드리거나 백가지의 음식을 차려놓고 제사(祭祀)를 드린다 해서 업장(業障)을 소멸해주고 극락(極樂)으로 보내주시는 분이 아니라는 것입니다.

　왜냐하면 부처님은 인과응보(因果應報), 즉 무엇을 심

든지 심은 대로 거두게 하시는 분이지 돈을 받고 업장(業障)을 소멸해주거나 극락(極樂)으로 보내주시는 분이 아니기 때문입니다.

그러므로 스님들은 이러한 사실을 직시(直視)하고 이제 진정으로 부처님 앞에서 참회(懺悔)를 하고 부처님의 뜻을 따라 중생들의 영혼을 제도(濟度)하는 분들로 거듭나야 한다고 생각합니다.

만일 스님들이 지금이라도 부처님께 참회(懺悔)를 하고 올바로 선다면 부처님께서 모든 잘못을 용서해 주실 것이며 자비(慈悲)도 베풀어 주실 것입니다.

진실한 사랑

당신을 바라보고
당신의 이야기를 듣는 것이
당신의 마음을
담는 것인 줄 몰랐습니다

내 마음에
당신의 마음을 담으니
당신의 마음을
알 것 같습니다

당신의 마음을
읽고 아는 것이
진실한 사랑이라는 것을
시간이 흐른 뒤에야 느끼고

내 마음에 당신의 마음을
가득 채워가는 것이
진실한 사랑인 줄
이제야 알았습니다

22 법륜(法輪)과 "옴마니반메흠"

법륜(法輪)이란 "진리의 바퀴"라는 뜻으로
부처님의 가르침이 다른 것에 전환되어 전달되는 것을
바퀴로 비유한 것입니다.

법륜(法輪)과 "옴마니반메흠"

법륜(法輪)이란 "진리의 바퀴"라는 뜻으로 부처님의 가르침이 다른 것에 전환되어 전달되는 것을 바퀴로 비유한 것입니다. 법륜(法輪)은 라마교 신자들이 종처럼 불구(佛具)를 만들어 그 안에 "옴마니반메흠"이라는 여섯글자를 넣어 만든 것입니다.

라마교 신도들은 "옴마니반메흠"을 시도 때도 없이 부르며 종처럼 만든 법륜을 돌리는데 "옴마니반메흠"의 뜻을 확실히 아는 사람이 별로 없습니다. 라마교는 곧 티벳불교를 말하는데 티벳불교는 8세기경에 인도로부터 밀교(密敎)의 대승불교(大乘佛敎)가 들어오게 되어 티벳인들이 경전(經典)을 티벳어로 번역하면서 시작된 종교입니다.

라마교 신자들은 법륜을 종처럼 만들어 "옴마니반메흠"이라 부르며 부처님께 기원을 하는데 이 법륜(法輪)을 반복적으로 돌리면 경(經)을 읽은 효과가 있고 또한 부처님이 계신 극락세계(極樂世界)에 들어갈 수 있다고 믿는 것입니다. 그리고 법륜(法輪)을 지속적으로 돌리면 연화수보살에게 귀의(歸依) 하여 죽은 후에 윤회(輪廻)하는 육도(六道)

의 제약(制約)에서 벗어나 극락세계(極樂世界)에 왕생(往生)하는 공덕(功德)을 얻는다고 합니다. 때문에 티벳인들은 승속(僧俗)을 불문하고 모두 법륜(法輪)을 돌리면서 "옴마니반메훔"을 부르며 자신이 원하는 것들을 기원(祈願)하는 것입니다. 이렇게 라마교 신자들이 법륜(法輪)을 열심히 돌려가며 "옴마니반메훔"을 부르는 것은 생사의 윤회(輪廻)에서 벗어나 해탈(解脫)이 된다고 믿기 때문입니다. 그런데 더욱 심각한 문제는 라마교인들이 "옴"을 한번 부르면 그 공덕(功德)으로 사후에 천상세계의 길에 유전(流轉)함을 막고 "마"를 한번 부르면 인간계에 태어남을 막고 "니"를 한번 부르면 악귀가 있는 수라도에 윤회(輪廻)함을 면하고 "반"자를 한번 부르면 사람이 축생의 위치에 윤회하는 어려움을 제거(除去)하며 "메"를 한번 부르면 아귀도에 빠지는 고통을 벗어나며 "훔"을 한번 부르면 죽어서 지옥(地獄)에 떨어지는 것을 면하는 공덕(功德)이 있다고 믿고 있는 것입니다.

이렇게 라마교인들인은 법륜을 돌리거나 "옴마니반메훔"을 지속적으로 부르면 많은 공덕(功德)이 있어 사후에 극락세계(極樂世界)로 들어간다고 믿고 있는 것입니다. 그런데 부처님은 그렇게 말씀하신 적도 없고 그렇게 가르쳐

주신 적도 없다는 것입니다. 그러므로 라마교인들은 물론 오늘날 불자들도 법륜(法輪)의 실체와 "옴마니반메훔"에 숨겨진 부처님의 뜻을 올바로 알아야 합니다.

부처님의 말씀을 전달하는 법륜(法輪)은 사람이 만든 수레바퀴나 불구(佛具)가 아니라 존재, 즉 부처님의 말씀을 깨닫고 중생을 제도(濟度)하는 생불(生佛) 혹은 부처님의 말씀을 소지하고 법보시(法布施)를 행하는 수행불자들을 말하고 있습니다.

왜냐하면 사람이 만들어 놓은 바퀴나 불구들은 부처님의 말씀을 전달할 수가 없고 살아있는 부처님이나 수행불자들만이 부처님의 말씀을 전달할 수 있기 때문입니다. 그리고 "옴마니반메훔"은 곧 부처님께서 가르쳐주신 "육바라밀(六波羅蜜)"을 화두(話頭)로 말씀하고 있는 것입니다. 즉 "옴"은 천상계와 지혜 "마"는 인간계와 선정 "니"는 수라계와 정진 "반"은 축생계와 인욕 "메"는 아귀계와 지계 "훔"은 지옥계와 보시를 화두(話頭)로 말씀하고 있는 것입니다. 이와 같이 법륜(法輪)의 실체는 오늘날 살아계신 부처님을 말하며 "옴마니반메훔"은 부처님께서 가르쳐주신 "육바라밀(六波羅蜜)"을 말씀하고 있는 것입니다.

그러므로 라마교신자들이나 오늘날 불자들이 생사(生

死)의 윤회(輪廻)에서 벗어나 해탈하여 극락세계(極樂世界)로 들어가려면 사람이 만들어 놓은 법륜(法輪)을 돌릴 것이 아니라 오늘날 살아계신 생불(生佛)을 믿어야 하며 생불의 가르침에 따라 육바라밀(六波羅蜜)을 행해야 합니다.

왜냐하면 불자들이 해탈하여 부처가 되려면 법륜(法輪)이신 부처님을 믿고 의지하며 그의 가르침에 따라 육바라밀(六波羅蜜)을 행해야 하기 때문입니다. 이렇게 불자들은 육바라밀을 행하며 전생과 현생과 내생을 계속 윤회(輪廻)하며 자신의 존재를 돌려야 하는데 법륜(法輪)을 불구(佛具)로 만들어 놓고 불구(佛具)만 돌리고 있는 것입니다. 그러므로 진정한 불자라면 부처님의 가르침에 따라 해탈(解脫)의 길인 육바라밀(六波羅蜜)을 끊임없이 행하여 자신이 곧 법륜(法輪)이 되어야 하는 것입니다.

부처님은 예전이나 지금이나 변함없이 불자들이 천상(天上)의 극락세계(極樂世界)에 들어가려면 육바라밀(六波羅蜜)을 행해야 한다고 말씀하고 있습니다. 때문에 불자들이 해탈하여 극락에 들어가려면 반드시 육바라밀(六波羅蜜)을 알고 육바라밀(六波羅蜜)에 따라 정진수행을 해야 합니다.

왜냐하면 석가모니 부처님도 자신이 해탈(解脫)하여 부

처가 된 것은 육바라밀(六波羅蜜)을 통해서 되었다고 말씀하고 있기 때문입니다.

그러므로 오늘날 불자들이 해탈(解脫)하여 부처가 되려면 그 무엇보다 먼저 육바라밀(六波羅蜜)에 대해서 확실하고 분명하게 알아야 합니다.

23
육바라밀(六波羅蜜)

현생에서 육바라밀(六波羅蜜)을 열심히 행하여 해탈이 된다면 현생에서도 극락(極樂)과 같은 삶을 살 뿐만 아니라 내생에 다시 윤회(輪廻)하지 않는 천상(天上)으로 올라가 부처님들과 함께 영원히 살게 되는 것입니다.

육바라밀(六波羅蜜)

육계(六界)와 육바라밀(六波羅蜜)

1. 지옥계(地獄界) : 지옥에서 벗어나는 첫째길 – 보시(布施)

지옥(地獄)이라는 단어를 문헌에서 찾아보면 "지하에 있는 감옥, 고통이 가득한 세계, 현생에 악업(惡業)을 행한 자들이 사후에 고통 받는 곳" 등으로 나타나 있습니다. 이 때문에 오늘날 불교인들이나 기독교인들이나 한결같이 지옥은 이생에서 죄를 범한 사람들이 죽은 후에 고통 받는 곳으로 알고 있습니다.

즉 지옥은 뜨거운 불가마 속과 같은 곳으로 귀신들이나 독사 같은 뱀들이 사람들에게 고통을 주는 곳으로 알고 있다는 말입니다. 그러나 부처님은 지옥을 장소적 개념보다 존재적 개념으로 말씀하고 있습니다. 지옥은 중생들의 탐(貪), 진(瞋), 치(癡)로 인한 악업에 의해서 육신의 고통과 정신적 고통을 받고 살아가는 존재들을 말씀하고 있습니다. 이렇게 지옥(地獄)은 내생에는 물론 현생에도 분명히 존재하고 있습니다. 결국 지옥(地獄)이나 극락(極樂)은 전생이나 현생이나 그리고 내생에도 동일하게 존재하고 있다는 것입니다. 그런데 부처님께서 말씀하시는 지옥은 삼악도(三惡道)의 하나로서 자신이 지은 악업 때문에 온갖 고통을 받으며 살아가는 존재들을 말하고 있습니다.

 부연하면 지옥(地獄)은 땅의 감옥에 갇혀 있다는 말인데 부처님께서 말씀하시는 지옥의 진정한 의미는 사람의 영혼이 육신 안에 갇혀 있다는 말입니다. 왜냐하면 인간의 존재는 본래 흙으로 창조된 땅, 즉 지수화풍(地水火風)의 존재이기 때문에 지옥에 갇혀 있다는 것은 육신 안에 영혼이 갇혀 있다는 뜻입니다. 이렇게 지옥은 자신의 영혼이 욕심 때문에 육신에 사로 잡혀서 육신에 종노릇 하고 살아가는 자들을 말합니다. 그러므로 해탈(解脫)은 욕심으로 인해 육신 안에 갇혀있는 영혼이 육신 속에서 벗어나 자유(自由)로운 상태에서 육신을 정복하고 다스리는 존재를 말하는 것입니다. 결국 해탈은 육신에 갇혀있던 영혼이 육신으로부터 벗어나 자유자재(自由自在)하는 존재들을 말합니다.

 중생들은 자신 안에 있는 욕심, 즉 탐(貪), 진(瞋), 치(癡) 때문에 항상 번뇌망상(煩惱妄想)의 고통과 생로병사(生老病死)의 윤회(輪廻) 속에서 살고 있습니다. 이렇게 현생의 지옥은 전생에 지은 악업(惡業)과 현생에서 짓는 악업으로 인하여 지옥과 같은 고통을 받으며 살아가고 있는 사람들을 말합니다. 이런 자들이 현생에서 선업(善業)을 쌓아 지옥에서 벗어나지 못하고 죽는다면 그 영혼은 내생(來生)에 더 깊은 지옥으로 떨어져 더 큰 고통을 받고 살게 됩니다. 즉 이 세상을 살면서 지옥에서 벗어나지 못하고 죽는 사람은 내생에도 다시 지옥과 같은 열악(劣惡)한 환경에서 태어나거나 지체부자유자와 같은 육신의 몸속으로 들어가 태어나게 된다는 것입니다.

그런데 만일 현생에서 육바라밀(六波羅蜜)을 열심히 행하여 해탈이 된다면 현생에서도 극락(極樂)과 같은 삶을 살 뿐만 아니라 내생에 다시 윤회(輪廻)하지 않는 천상(天上)으로 올라가 부처님들과 함께 영원히 살게 되는 것입니다. 이렇게 지옥은 욕심 때문에 육신의 고통과 번뇌망상(煩惱妄想)의 고통을 받고 살아가는 존재들을 말하며 극락(極樂)은 현생에서 육바라밀의 과정을 모두 마치고 해탈하여 성불(成佛)한 부처님을 극락(極樂)이라 말씀하고 있는 것입니다.

결국 부처님께서 육계(六界)를 통해서 말씀하고 계신 지옥(地獄)은 육신의 고통과 정신적인 고통 속에서 죽지 못해 살아가는 자, 즉 현생에서 지옥과 같은 삶을 살고 있는 존재들을 말씀하고 있습니다. 그런데 지옥(地獄)도 다 같은 지옥이 아니라 사람의 상태와 차원에 따라 각기 다른 지옥으로 구분되고 있습니다. 즉 지옥은 사람들이 지은 죄의 양과 질에 따라 상 지옥, 중 지옥, 하 지옥으로 구분된다는 말입니다. 고통이 심한 하 지옥은 태어날 때부터 기형아나 저능아로 태어나 평생을 멸시와 천대를 받으며 고통 속에서 살아가는 사람들을 말하며, 중 지옥은 종이나 노동자의 신분으로 태어나 평생을 육적인 고통을 받고 살아가는 자들을 말하며, 상 지옥은 정신적인 고통은 받으나 비교적 편안한 삶을 살아가는 자들을 말합니다.

현생에 지옥 속에서 살아가는 자들은 전생에서 탐(貪), 진(瞋), 치(癡)로 인한 욕심 때문에 악업을 쌓고 살다가 이 생에 다시 태어난 자들입니다. 결국 중생들은 전생(前生)에 지은 죄업(罪業)을 이생에서 받고 이생에서 지은 악업은 내생(來生)에서 받게 되는 것입니다. 이렇게 지옥계는 중생들 안에 자리 잡고 있는 삼독(三毒), 즉 탐(貪), 진(瞋), 치(癡)의 척도(尺度)에 따라 결정되어지는데 탐(貪), 진(瞋), 치(癡)란 사람이 가지고 있는 욕심과 분냄과 어리석음을 말합니다.

사람들이 세상을 살아가면서 괴로움과 고통을 받는 근원적 원인은 모두가 탐(貪), 진(瞋), 치(癡) 때문입니다.

그러므로 중생들이 받는 삼재(三災), 즉 수재(水災) 화재(火災) 풍재(風災)로 인한 불의의 사고나 질병이나 기근과 같은 재앙들은 모두 탐(貪), 진(瞋), 치(癡)로 인해 발생되는 것입니다. 이렇듯 지옥 속에 살고 있는 중생들은 탐(貪), 진(瞋), 치(癡)로 인한 삼재(三災)의 고통 속에서 지옥을 오르락내리락 하면서 윤회(輪廻)하고 있는 것입니다. 그러므로 지옥의 고통에서 영원히 벗어나려면 먼저 자신 속에 자리 잡고 있는 탐(貪), 진(瞋), 치(癡)를 알아야 합니다. 그런데 불행한 것은 불자들도 악업(惡業)의 근원이 되는 탐(貪), 진(瞋), 치(癡)를 분명하게 모르는 상태에서 신앙생활을 하고 있는 것입니다.

탐(貪)이란 인간내면에 자리 잡고 있는 욕심을 말씀하는 것이며 진(瞋)이란 사람들의 성급한 성격, 즉 혈기로 인한 분냄을 말합니다. 그런데 욕심이 생겨나고 혈기가 일어나는 이유는 치(癡) 때문입니다. 왜냐하면 모든 고통과 괴로움은 탐심과 분냄 때문에 일어나는데 탐(貪), 진(瞋)의 근원이 바로 치(癡)이기 때문입니다. 치(癡)란 인간의 어리석음을 가리키는 말인데 어리석음은 인간의 무지(無知), 즉 무식(無識)을 말합니다. 결국 중생들이 부처님의 뜻이나 진리를 모르는 무지 때문에 욕심을 내고 혈기를 부린다는 것입니다. 그러므로 부처님께서 이렇게 무지(無知)한 중생들을 가리켜 무명(無明)의 중생이라 말씀하시는데, 무명(無明)이란 빛이 없다는 말이며 빛이 없다는 말은 곧 부처님의 말씀이 없다는 것입니다.

    결국 지옥이란 진리의 빛이 없는 어둠 속에서 악업으로 인해 고통을 받고 살아가는 중생들의 세계를 말합니다. 그러므로 무명(無明)의 중생들이 지옥의 고통에서 벗어나려면 탐(貪), 진(瞋), 치(癡)를 버리고 자비심(慈悲心)을 가져야 합니다. 자비심이란 상대방을 이해하고 감싸며 긍휼과 사랑으로 가난한 이웃에게 베푸는 것입니다. 이렇게 중생들이 고통의 지옥에서 벗어나려면 취하려는 욕심을 버리고 항상 베풀며 살아가야 합니다. 왜냐하면 전생과 현생에서 불의(不義)로 취한 업(業)만큼 베풀고 살아야 지금까지 지은 죄업들이 모두 상쇄(相殺)되기 때문입니다. 때문에 부처님께서 지옥에서 벗어나는 길을 보시(布施)라 말씀하신 것입니다. 그런데 욕심으로 가득차있는 중생들이 보시(布施)를 행하며 살아간다는 것은 그리 쉬운 일이 아닙니다. 왜냐하면 지금까지 도적 같은 심보로 남의 것을 취하고 살았지

베풀며 살지 않았기 때문입니다. 또한 보시(布施)를 행하려면 반드시 자신의 헌신과 희생이 따라야 하기 때문입니다. 그러나 소수의 불자들이지만 지금도 불쌍한 이웃이나 수행자들을 찾아서 보시(布施)를 행하면서 살아가는 자들이 있습니다.

결국 지옥에서 나올 수 있는 길은 지옥계에서 선한 마음을 가지고 고통 받는 이웃을 돌보며 보시(布施)를 행하는 것입니다. 이렇게 중생들이 지옥에서 벗어나는 길은 육바라밀(六波羅蜜)의 첫 단계이며 첫 관문인 보시행(布施行)을 끊임없이 행해야 하는 것입니다. 그런데 부처님께서 말씀하고 있는 보시(布施)는 자신이 복을 받기 위하여 욕심을 가지고 행하는 보시가 아니라 아무런 조건이나 사심(私心) 없이 진실한 마음으로 베푸는 것을 말합니다.

이렇게 부처님의 뜻에 따라 진실한 마음으로 가난한 이웃들이나 수행자들을 도우며 보시 행으로 공덕을 쌓은 자들이 지옥에서 벗어나 아귀계(餓鬼界)로 들어가게 되는 것입니다.

2. 아귀계(餓鬼界) : 아귀에서 벗어나는 둘째길 - 지계(持戒)

아귀계(餓鬼界)란 어떤 세계를 말하며 아귀란 무슨 뜻일까요? 아귀(餓鬼)란 단어의 뜻은 굶주려 음식물을 찾는 자, 기갈로 고통을 받고 있는 자, 음식에 걸신들린 자 등의 의미입니다. 며칠 굶은 사람이 미친 듯이 밥을 먹는 것을 보면 아귀같이 먹는다는 말을 합니다. 이렇게 먹을 것을 탐(貪)하는 자, 즉 식탐이 많은 자들을 가리켜 아귀라 말합니다. 그런데 지옥에서 보시행(布施行)을 마치고 아귀계(餓鬼界)로 나온 자들이 다시 식탐(食貪)을 한다면 전혀 이치에 맞지 않습니다. 그러므로 부처님께서 말씀하신 아귀(餓鬼)의 진정한 뜻은 육신의 양식에 굶주린 자들을 가리키는 말이 아니라 진리에 굶주린 자, 즉 부처님의 말씀에 갈급한 자들을 말합니다.

왜냐하면 이들이 지옥에서 아귀계(餓鬼界)로 나온 것은 육신의 양식이 없어 나온 것이 아니라 부처님의 말씀을 찾아 나왔기 때문입니다. 이렇게 아귀계에 있는 자들은 육신의 양식에 굶주린 자들이 아니라 부처님의 말씀이 없어 걸신들린 귀신처럼 갈급한 마음으로 부처님의 진리를 찾아

헤매는 자들을 말합니다. 이렇게 진리에 걸신들린 아귀들을 성경에서는 나그네, 고아, 과부라고 말합니다. 그러므로 아귀계(餓鬼界)는 지옥에서 벗어난 자들이 천상에 오르기 위해 부처님의 계율(戒律)을 열심히 지키며 수행하는 자들을 뜻합니다. 이와 같이 아귀(餓鬼)들이 원하고 찾는 것은 육신의 양식이나 혹은 이 세상의 지식이나 부귀영화가 아니라 오직 부처님께서 주시는 계율이며 부처님의 가르침을 받아 그의 뜻대로 수행하는 것입니다. 아귀(餓鬼)들이 축생(畜生)계로 나아가려면 부처님의 계율(戒律)을 받아 열심히 정진수행(精進修行)을 해야 합니다. 왜냐하면 부처님의 계율(戒律)에 따라 강도 높은 훈련과 연단을 받지 않으면 지옥계에서 탐(貪), 진,(瞋), 치(癡)로 굳어진 마음이 절대로 부서지지 않기 때문입니다.

이렇게 아귀들은 삼독(三毒)인 탐(貪), 진,(瞋), 치(癡)를 날마다 버리고 부처님의 계율에 따라 수행정진(修行精進)을 하며 살아가는 자들입니다. 이 때문에 부처님께서 아귀계(餓鬼界)에서 축생계(畜生界)로 나가는 길을 지계(持戒)라고 말씀하신 것입니다. 그러므로 아귀들은 오직 부처님의 계율(戒律)를 받아서 지키며 부처님의 계율에 따라 끊임없이 수행정진을 하고 있는 것입니다. 이것은 성경에 이스

라엘 백성들이 애굽(지옥계)에서 광야로 출애굽한 후 광야에서 율법(계율)을 지키며 강한 훈련을 받은 것과 같습니다. 그런데 부처님의 계율(戒律)을 지키기 위해서는 먼저 삼귀의(三歸依)를 해야 합니다.

삼귀의(三歸依)

삼귀의란 삼보(三寶)이신 불(부처님), 법(계율), 승(승려)께 귀의 하여 삼보를 믿고 의지하며 신앙생활을 받는 것을 말합니다.

첫째 : 승려(스님)가 계신 승단, 즉 스님이 계신 단체나 모임, 즉 사찰(절)에 귀의 하여 신행생활을 하며 마음의 수련을 해야 합니다.

둘째 : 부처님의 법(계율)에 귀의 하여 부처님이 주신 계율에 따라서 수행정진을 해야 합니다.

셋째 : 부처님(불)께 귀의 하여 부처님을 믿고 공경하며 부처님의 가르침을 받아야 합니다.

상기와 같이 삼귀의(三歸依)는 부처님과 계율과 승단에 귀의 하여 삼보를 믿고 공경하며 그의 가르침을 통해서 수행정진을 하는 것입니다. 그런데 삼귀의를 한 불자는 수행의 순서에 따라 승, 법, 불로 단계적으로 수행을 해야 합니다. 이것은 학생이 처음에 들어가는 곳은 초등학교이며, 초등학교의 과정을 모두 마쳐야 중학교에 입학 할 수 있고, 중학교를 졸업해야 고등학교로 들어갈 수 있는 것과 같습니다.

이렇게 중생들이 처음 귀의하는 곳은 승려가 계신 승단이며 승단에서 신행생활을 모두 마친 자가 계율을 지키며 수행을 할 수 있고 계율에 따라 수행을 모두 마친 자가 부처님의 가르침을 받게 되는 것입니다.

이제 십계에 대해서 좀 더 구체적으로 살펴보기로 하겠습니다.

십계(十戒)

　첫　째 : 불살생계(不殺生戒) - 산목숨을 죽이지 말라.

　부처님께서 "산목숨을 죽이지 말라"는 말씀은 살아있는 생물은 모두 죽이지 말라는 뜻입니다. 이 말은 동물이나 곤충들에게 국한된 것이 아니라 생명을 가진 식물도 죽이지 말라는 뜻으로 생각할 수도 있습니다. 왜냐하면 식물도 살아있는 생명체이기 때문입니다. 이 때문에 스님들이나 수행불자들은 이 계율을 지키기 위해 살아 있는 짐승들은 물론 파리나 모기 한 마리도 죽이지 않고 있습니다. 그런데 스님들이 살아있는 채소나 나물들은 마음대로 채취하여 먹고 있습니다. 이러한 행위는 부처님의 계율(戒律)을 반쪽만 지키는 것이라 생각할 수도 있습니다.

　그러나 부처님께서 산목숨을 죽이지 말라는 진정한 뜻은 생명을 가진 곤충이나 짐승 혹은 식물들을 죽이지 말라는 뜻이 아니라 사람의 영혼을 죽이지 말라는 뜻으로 하신 말씀입니다. 이 때문에 성경에 기록된 십계명에는 "살생하지 말라"가 아니라 "살인하지 말라"로 기록되어 있는 것입니다. 그러므로 이 계명에 숨겨진 화두의 비밀은 사람들의 영혼(靈魂)을 죽이지 말고 구원하고 살려서 모두 부처를 만들라는 뜻입니다.

둘 째 : 불투도계(不偸盜戒) – 도둑처럼 훔치지 말라.

오늘날 스님들이나 불자들은 부처님께서 "훔치지 말라"는 둘째 계율의 뜻을 단순히 세상에 있는 다른 사람의 물건이나 돈을 도적질 하지 말라는 의미로 알고 있습니다. 그러나 부처님께서 남의 것을 훔치지 말라는 진정한 뜻은 세상에 속한 물건이나 재물을 훔치지 말라는 것이 아니라 부처님의 말씀을 도적질하여 자기 것으로 만들지 말라는 뜻입니다.

그런데 어떤 몰지각한 스님들은 부처님의 말씀을 도적질하여 자기의 것으로 만들어놓고 도적질한 말씀을 가지고 불자들의 재물을 탈취(奪取)하고 영혼까지 죽이고 있는 것입니다. 이 때문에 부처님은 지금도 너희는 나의 것을 도적질 하지 말라고 명하고 계신 것입니다.

성경 십계명에는 이 계율이 "도적질 하지 말라"로 기록되어 있는데 이는 "훔치지 말라"는 말씀과 동일한 것입니다.

셋 째 : 불음계(不淫戒) - 음행하지 말라.

부처님께서 음행을 하지 말라는 뜻은 "간음을 하지 말라"는 의미입니다. 부처님의 이 계율을 지키기 위해 신실한 스님들이나 수행을 하는 불자들은 끓어오르는 정욕(情慾)을 참아가며 음행(淫行)을 하지 않으려고 많은 노력을 하고 있습니다. 그러나 부처님이 불자들에게 음행을 하지 말라는 진정한 뜻은 여자를 취하여 간음을 하지 말라는 뜻이 아니라 부처님의 말씀을 취하여 자기 사리사욕(私利私慾)을 채우지 말라는 뜻입니다. 그럼에도 불구하고 오늘날 일부의 패역한 스님들은 부처님의 말씀을 취하여 자신의 사리사욕을 취하려고 얼마나 애를 쓰고 있습니까?

오늘날 부패한 스님들이 영혼을 구제(救濟)한다는 명목으로 사찰(寺刹)이나 선원(禪院) 혹은 포교당(布敎堂)들을 세워 놓고 자기 욕심을 채우기 위해 부처님의 말씀을 팔아서 사찰을 대형화 해가며 심지어 기업화 해가고 있는 것을 볼 수 있습니다. 이러한 스님들이 바로 음행을 하는 자들입니다. 이 때문에 부처님께서 음행을 하지 말라는 뜻은 부처님의 말씀을 취하여 자기 욕심을 채우지 말라는 뜻입니다.

성경에 기록된 십계명에는 이 계율이 "너희는 간음하

지 말라"고 기록되어 있습니다.

넷 째 : 불망어계(不妄語戒) - 거짓을 말하지 말라.

오늘날 불자들은 부처님께서 "거짓말하지 말라"는 계율을 단순히 사람들 간에 거짓말을 하지 말라는 정도로 알고 있습니다. 그러나 부처님께서 거짓말을 하지 말라는 진정한 의미는 부처님의 말씀을 더하고 감하여 만든 비진리, 즉 왜곡(歪曲)된 교리나 계율을 가지고 거짓증거를 하거나 불자들을 가르치지 말라는 뜻입니다. 이 말씀의 진정한 뜻은 부처님의 말씀으로 죽어가는 영혼들을 구제하고 살려서 생로병사(生老病死)의 윤회(輪廻)에서 벗어나게 하여 모두 부처를 만들라는 것인데 이러한 부처님의 뜻을 망각하고 부처님의 말씀을 모두 기복(祈福)으로 바꾸어 불자들에게 오히려 욕심을 불어넣고 있는 것입니다.

오늘날 스님들이 신도들에게 부처님을 잘 믿고 시주를 많이 하면 부처님으로부터 많은 복을 받아 잘살 수 있고 모든 일도 잘된다고 미혹(迷惑)하며 운수대통(運數大通) 만사형통(萬事亨通)의 복을 빌어주는 것이 바로 부처님의 말씀을 왜곡(歪曲)하여 거짓증거를 하는 행위입니다.

부처님은 이러한 행위를 하는 자들에게 "거짓말을 하지 말라"고 엄히 명하시는 것입니다. 성경에는 이 계율을 "너희는 거짓증거 하지 말라"로 기록되어 있는데 이는 동일한 말씀입니다. 하나님께서 하나님의 백성들에게 거짓증거를 하지 말라고 명하시는 것은 오늘날 목회자들도 거짓증거를 하고 있기 때문에 하시는 말씀입니다.

　다섯째 : 불음주계(不飮酒戒) - 술을 마시지 말라.

　다섯째 계율은 부처님께서 불자들에게 "술 마시지 말라"는 말씀입니다. 이 때문에 스님들은 술을 마시지 않는데 어떤 스님은 술은 마시지 않아도 곡차(곡주)는 마시는 분들이 있습니다. 그런데 부처님께서 마시지 말라는 술은 세인들이 즐겨 마시는 술을 말씀하신 것이 아닙니다. 부처님이 말씀하시는 술은 누룩이 섞여 있는 말씀, 즉 부처님의 정확무오(正確無誤)한 말씀을 가감시켜 만들어 놓은 오염된 비진리를 받아먹지 말라는 뜻입니다. 왜냐하면 수행불자들이 오염(汚染)된 비진리를 먹으면 비진리에 의식화(意識化)되어 부처님의 말씀을 받아들일 수 없고 해탈에도 이를 수 없기 때문입니다.

이 때문에 마시는 술은 먹어도 큰 문제가 없지만 가감된 비진리를 먹으면 영원히 구제(救濟)받지 못하고 멸망(滅亡)하게 됩니다. 이 때문에 부처님은 술을 먹지 말라는 뜻은 오염된 비진리를 받아먹지 말라는 뜻입니다. 이렇게 부처님께서 말씀하시는 술은 부처님의 말씀을 가감시켜 만든 비진리, 즉 사람들이 영리를 취하기 위해서 부처님의 말씀을 가감시켜 만들어놓은 각종 교리(敎理)나 규범(規範) 혹은 제도(制度)나 각종 의식들을 말합니다. 그러므로 오늘날 불자들은 오직 부처님의 말씀과 계율(戒律)만을 받아 마음 속에 간직하고 부처님의 말씀에 따라서 신행생활을 해야 합니다.

여섯째 : 불도식향만계(不塗飾香鬘戒) - 치장을 하거나 향을 바르지 말라.

여섯째 계율은 "치장(治粧)을 하거나 향을 바르지 말라"는 말씀입니다. 이 말씀은 수행불자에게 화려한 옷을 입거나 장신구(裝身具)를 달아 몸을 꾸미지 말며 얼굴이나 머리에 향이나 기름을 바르지 말라는 뜻으로 생각할 수 있습니다. 그러나 부처님은 그러한 뜻으로 말씀하신 것이 아니라는 것입니다.

　불자들이 반드시 알아야 할 것은 부처님이 하신 모든 말씀들은 세상의 일들을 말씀하시는 것이 아니라 모두 진리와 관계되어 있다는 것을 알아야 합니다. 왜냐하면 부처님은 진리이시고 또한 부처님은 오직 시대신(是大神) 이신 반야의 뜻을 행하고 이루시는 분이시기 때문입니다. 이 때문에 부처님께서 치장을 하거나 향을 바르지 말라는 것은 불자들이 부처님의 몸을 치장을 하거나 부처님의 얼굴이나 머리에 향을 바르지 말라는 뜻입니다.

　그런데 부처님의 몸은 진리이시기 때문에 부처님의 몸을 치장하거나 향을 바르지 말라는 것은 곧 부처님의 말씀을 가감하거나 왜곡하여 중생들을 미혹(迷惑)하지 말고 부처님의 말씀을 미화(美化)시키지 말라는 뜻입니다. 그럼에도 불구하고 오늘날 스님들은 부처님의 각종 형상(形象)들을 만들어 금과 보석으로 장식하고 있으며 또한 스님들은 부처님의 말씀을 화려하게 미화시켜 불자들에게 설법을 하고 있는 실정입니다. 이러한 행위들은 모두 부처님의 계율을 범하는 행위입니다.

일곱째 : 불가무관청계(不歌舞觀聽戒) - 노래하는 것이
나 춤추는 것을 보거나 듣지 말라.

　부처님께서 "노래하는 것이나 춤을 추는 것은 보지도 말고 듣지도 말라"고 말씀하십니다. 왜 그럴까요? 오늘날 사람들의 세상사는 즐거움은 음악회나 가요프로 등을 통해서 노래를 듣는 것이며 텔레비전이나 극장을 통해 무희들의 춤추는 것을 보고 즐거워하는 것입니다. 그러면 이 계율은 수행불자들에게만 국한(局限)해서 하시는 말씀이라 생각할 수 있습니다.
　그러나 부처님께서 노래하는 것이나 춤추는 것을 보거나 듣지 말라는 뜻은 세상 사람들이 하는 노래나 춤을 보거나 듣지 말라는 뜻이 아니라 부처님이 가르쳐주신 말씀의 의미나 뜻도 모르고 제멋대로 설법을 하거나 그 잘못된 설법을 듣고 즐겁다고 춤을 추는 사람들을 보지 말고 그들이 전하는 말도 절대로 듣지 말라는 뜻입니다.
　왜냐하면 잘못된 설법을 듣거나 그들이 행하는 의식에 따라 신앙생활을 하면 영혼이 병들어 멸망(滅亡)하게 되기 때문입니다.

여덟째 : 불좌고광대상계(不坐高廣大牀戒) - 높고 넓고 큰 평상에 앉지 말라.

부처님은 여덟째 계율을 통해서 높고 넓고 큰 평상에 앉지 말라고 하십니다. 부처님이 말씀하시는 큰 평상은 커다란 식탁을 말하는 것이 아니라 사람이 앉기도 하고 누워 잠을 잘 수도 있는 평상을 말하고 있습니다. 그러면 부처님께서 말씀하시는 높고 넓고 큰 평상은 어떤 상을 말하는 것일까요? 높은 것은 교만(驕慢)을 나타내고 넓은 것은 욕심을 말하며 평평한 큰상은 안일함이나 안주하는 것을 말하고 있습니다. 그러므로 부처님께서 높고 넓은 큰 평상에 앉지 말라는 진정한 뜻은 해탈을 위해 수행을 하는 불자들은 교만하지 말고, 욕심을 내지 말고, 지금 머물고 있는 곳에서 편안히 안주하지 말라는 뜻으로 하신 말씀입니다.

왜냐하면 수행불자들이 마음이 교만(驕慢)해지거나 탐심을 가진다면 지옥으로 떨어지게 되고 마음이 편안하면 나태(懶怠)하게 되어 수행의 길을 갈 수가 없기 때문입니다. 수행 불자들이 마음을 닦는다는 것은 곧 부처님의 말씀이나 법을 통해서 날마다 교만(驕慢)하고 강퍅(剛愎)한 마음을 깨고 부수어 겸손하게 만드는 것입니다.

이 때문에 성경에도 마음이 교만한 자는 패망의 선봉에 있는 자라 말씀하고 있습니다.

아홉째 : 불비시식계(不非時食戒) : 때가 아니면 먹지
　　　　말라

부처님은 "때 아니면 밥을 먹지 말라"고 말씀하고 있습니다. 불자들은 이 말씀을 단순히 식사는 정해진 시간에 맞추어 하라는 뜻으로 알고 있습니다. 왜냐하면 식사를 제시간에 하지 않으면 소화불량이 생길 수 있고 식사를 준비하는 사람도 힘들어지기 때문입니다. 그런데 부처님께서 과연 식사를 제 시간에 맞추어 하라는 것을 계율로 말씀을 하셨을까 하는 것입니다.

왜냐하면 식사를 제때에 하라는 말은 자라면서 부모님으로부터 항상 들어온 말이며 병원의 의사들도 위장병이 있는 환자에게 자주 하는 말이기 때문입니다. 이 때문에 부처님께서 때가 아니면 식사를 하지 말라는 말씀은 그러한 의미가 아니라 화두로 말씀하셨다는 것을 알아야 합니다. 왜냐하면 무명의 중생들이 먹는 양식은 밥이지만 수행불자들이 먹는 양식은 밥이 아니라 부처님의 말씀이기 때문입

니다. 이 때문에 성경에도 하나님의 백성들이 먹고 사는 양식은 떡이 아니라 하나님의 입에서 나오는 말씀으로 사는 것이라 말씀하고 있습니다.

이와 같이 부처님께서 먹지 말라는 양식은 밥이 아니라 부처님의 입에서 나오는 말씀을 뜻하고 있는 것입니다.

그러므로 부처님께서 때가 아니면 먹지 말라는 말씀의 진정한 뜻은 부처님의 말씀이나 법이 아닌 비진리는 먹지 말라는 것입니다. 수행불자들이 만일 가감된 비 진리, 즉 오염(汚染)된 말씀을 먹으면 멸망을 받아 지옥으로 들어가게 됩니다. 이 때문에 부처님은 아홉째 계율을 통해서 부처님의 말씀이 아닌 것, 즉 오염된 부처님의 말씀이나 변질된 말씀은 절대로 먹지 말라는 뜻으로 말씀하신 것입니다.

열 째 : 불축금은보계(不蓄金銀寶戒) - 금, 은, 보석을 모으지 말라.

부처님은 마지막 열 번째의 계율로 금, 은, 보석을 모으거나 쌓지 말라고 명하고 계십니다. 금, 은, 보석은 세상의 부귀영화, 즉 재물이나 명예 혹은 권세와 같은 것들을 말합니다. 부처님께서 마지막 계명으로 금이나 은이나 보석을 모으지 말라고 엄히 명하시는 것은 수행불자들이 해탈의 길을 가는데 제일 유혹에 빠지기 쉬운 것이 바로 금, 은, 보석이며 세상의 부귀영화이기 때문입니다. 이 때문에 성경에 돈을 사랑하는 것은 곧 일만 악의 뿌리라고 말씀하고 있는 것입니다. 이것은 인간들의 마음이 돈에 가장 약하다는 것을 말해 주는 것입니다.

이렇게 수행불자들이 마지막에 다가오는 시험이 바로 세상의 재물과 권세와 명예입니다. 지금까지 수많은 불자들이 해탈의 길을 가면서 도중에 포기하거나 곁길로 떠나가게 된 이유가 모두 재물이라 해도 과언이 아니라 생각합니다. 만일 힘들고 어렵게 수행을 해서 해탈이 되었다 해도 이러한 재물의 시험이나 미혹에 넘어진다면 파계승이 되어 지옥으로 들어가게 됩니다. 이 때문에 "36년 공부 나무아미타불"이라는 한탄의 소리가 나오게 된 것입니다.

이상과 같이 부처님께서 말씀하신 십계의 말씀들은 표면에 나타난 문자 그대로 본다면 누구나가 쉽게 알 수 있는 평범한 말씀 같으나 모두 "화두(話頭)"로 되어 있기 때문에 말씀 속에 감추어져 있는 비밀들은 무명의 중생들이 알 수가 없는 것입니다. 때문에 오늘날 스님들이나 불자들은 혜안(慧眼)이 없어 부처님께서 하신 말씀들을 문자적으로 해석하여 지킬 수밖에 없는 것입니다. 이렇게 오늘날 불자들은 부처님의 계율(戒律)을 세상의 법이나 윤리도덕(倫理道德) 차원의 교리로 지키고 있기 때문에 평생 동안 수행을 해도 해탈이 되지 않는 것입니다.

그러므로 불자들이 성불하여 부처가 되려면 반드시 오늘날 살아계신 부처님을 찾아 그의 가르침에 따라 수행을 해야 합니다. 왜냐하면 부처님의 말씀은 모두 화두(話頭)로 되어 있기 때문에 혜안(慧眼)이 없는 스님들은 부처님의 뜻이나 천상으로 가는 길을 알지 못하기 때문입니다. 그러나 소수의 무리지만 지금도 깨달으신 부처님을 모시고 그의 가르침에 따라 올바른 수행을 하는 자들도 있습니다. 이런 자들은 세상을 돌아보거나 세상을 생각할 겨를도 없이 오직 부처님의 말씀과 계율만을 생각하며 강도 높은 훈련을 받고 있는 자들인데 이러한 수행의 과정을 모두 마친다는 것은 여간 힘들고 어려운 일이 아닙니다. 이렇게 아귀(餓鬼)의 세계를 벗어나기 위해서는 부처님의 계율(戒律)을 통하여 그동안 세상에서 쌓아 놓은 탐,진,치(貪,瞋,癡)와 번뇌망상(煩惱妄想)을 모두 버려야 합니다. 이러한 수행과 훈련의 모든 과정을 마쳤을 때에 아귀계에서 벗어나 축생계로 들어가게 되는 것입니다.

3. 축생계(畜生界) : 축생의 탈을 벗는 셋째길 - 인욕(忍辱)

축생(畜生)이라는 말은 소나 돼지나 양과 같은 짐승들을 가리키는 말인데 부처님께서 말씀하시는 축생은 실제 짐승들이 아니라 축생의 상태에 있는 중생들을 말합니다. 지금까지 지옥에 있는 중생들이 지옥에서 벗어나려면 보시(布施)를 열심히 행하여야 한다는 것과 아귀계로 나온 불자들은 부처님의 계율(戒律)인 십계(十戒)를 열심히 지키며 수행을 해야 아귀계(餓鬼界)에서 벗어나 축생(畜生)계로 들어갈 수 있다는 것입니다.

불자들은 이 말씀을 통해서 중생들이 한 세대를 살아가면서 깨달아 부처가 되는 것이 아니라 지옥계(地獄界)에서 벗어나 아귀계(餓鬼界)로 진입한다는 것도 얼마나 힘들고 어렵다는 것을 알아야 합니다. 이렇게 불자들이 천상에 올라 부처가 되려면 육바라밀(六波羅蜜)을 통해서 죄업을 씻으며 전생에 자신이 쌓아놓은 잘못된 고정관념(固定觀念)과 더러운 마음을 한 꺼풀씩 모두 벗어야 합니다. 이러한 과정을 통해서 전생과 현생의 악업(惡業)을 하나하나 벗고 부처님과 같이 정결한 마음이 될 때 천상(天上)에 올라 부처가 되는 것입니다.

그런데 안타까운 것은 대부분의 사람들이 지옥세계에서 아귀계로 한번 나와 보지도 못한 채 수 억겁을 지옥에서 오르락내리락 하면서 윤회(輪廻)하고 있는 것입니다. 이렇게 중생들이 아귀(餓鬼)나 축생(畜生)의 상태에 이르기 위해서도 수많은 세대를 윤회(輪廻)하면서 힘든 수행의 과정을 거쳐야 하는 것입니다. 부처님께서는 축생(畜生)의 상태까지를 삼악도(三惡道)라고 말씀하시는데 삼악도란 삼악(三惡)과 삼도(三道)를 말합니다. 삼악(三惡)은 지옥의 악과 아귀(餓鬼)의 악과 축생(畜生)의 악을 말하며 삼도(三道)는 삼악에서 벗어나는 세 길을 말합니다. 삼도(三道)는 부처님께서 말씀하신 보시(布施), 계율(戒律), 인욕(忍辱)을 말하는데, 중생들이 삼악(三惡)에서 벗어나려면 삼도(三道)를 통해서 끊임없이 정진해야 하는 것입니다. 그런데 축생(畜生)계에 머물고 있는 수행자들이 축생계에서 벗어나려면 무엇보다 오래 참고 인내하는 인욕(忍辱)의 수행을 끊임없이 행해야 합니다. 그러므로 부처님께서 축생계에서 벗어나는 길을 인욕(忍辱)이라 말씀하신 것입니다.

축생(畜生)들이 받는 인욕(忍辱)은 수행과정에서 발생되는 각종 치욕(恥辱)과 모욕(侮辱)을 참고 견디는 것인데 이것은 마치 주인의 명령과 지시에 따라서 무조건 순종(順從)하며 살아가는 머슴이나 종과 같이, 혹은 군인이 되기 위하여 훈련소에서 모진 훈련을 받고 있는 훈련병과 같이 부처님의 계율(戒律)과 명령에 절대 복종을 하면서 모든 고통과 괴로움을 참는 것입니다.

축생(畜生)계에서 인욕(忍辱)의 과정을 받고 있는 수행자들은 실제의 축생들과 같이 때로는 주인의 무거운 짐을 등에 지고 열심히 걸어가는 나귀와 같이 혹은 멍에를 씌워 놓은 소가 묵묵히 밭을 가는 것과 같이 그리고 사람을 등에 싣고 채찍을 맞아 가며 정신없이 달려가는 말과 같이 무조건 순종하는 자들입니다. 또한 이들은 자기 주인의 식탁을 위하여 자신의 몸을 희생하는 돼지나 닭과 같이 그리고 제사상 위에 오르는 각종 해산물이나 과일과 같이 아무런 불평 없이 순종(順從)을 하며 제물까지 되어야 하는 것입니다.

이렇게 축생의 탈(脫)을 벗기 위해서는 수많은 치욕(恥辱)을 참으면서 인내(忍耐)해야 합니다. 짐승의 탈을 벗고 인간이 된다는 것은 무척이나 힘들고 어려운 일입니다. 결국 축생(畜生)의 상태에서 인간(人間)이 되기 위해서는 이러한 과정의 훈련을 통과하여 축생(畜生)의 속성(屬性)과 성품(性品)이 모두 죽어 없어질 때 부처님의 속성과 성품으로 다시 태어나게 되는데 이것을 부분적인 해탈이라 말합니다.

이와 같이 축생들이 축생의 탈을 벗고 인간이 되려면 반드시 인욕(忍辱), 즉 모든 굴욕(屈辱)을 참고 견디는 인내심(忍耐心)이 있어야만 합니다. 그런데 오직 육바라밀(六波羅蜜)을 따라 수행하고 있는 축생들이 참고 인내해야 할 인욕(忍辱)은 그 무엇보다 오염된 비진리를 가지고 신앙생활을 하고 있는 불자들로부터 오는 비난과 핍박(逼迫)을 견디어 내는 일입니다. 왜냐하면 부처님의 오류 없는 진리는 불교의 전통과 교리로 만들어진 비진리와 항상 대적관계에 있기 때문입니다.

이렇게 오직 부처님의 말씀만을 붙잡고 천상을 향해 달려가는 수행자들은 육신적인 고통을 참는 것보다 비진리를 소유하고 있는 자들로부터 오는 각종 핍박(逼迫)과 유혹(誘惑)을 참아 내기가 더 어렵고 힘든 것입니다. 이러한 인욕(忍辱)의 과정을 모두 마친 자라야 비로소 축생의 탈(脫)을 벗고 수라(修羅)의 세계에 이르게 되는 것입니다. 이렇게 축생들이 수라계(修羅界)에 들어가기도 힘들고 어렵지만 천상에 올라 부처가 되려면 축생계에서 받는 고통보다 더 큰 고통들을 모두 참고 이겨내야 하는 것입니다.

4. 수라계(修羅界) : 인간으로 해탈하는 넷째길 − 정진(精進)

　육바라밀(六波羅蜜) 중에 지옥, 아귀, 축생의 삼계를 형이하학적(形而下學的)인 육신과 정신세계라면 수라, 인간, 천상의 삼계는 형이상학적(形而上學的)인 정신과 마음의 세계라 할 수 있습니다. 이 말은 지옥, 아귀, 축생의 존재들은 육신과 생각을 정결케 하는 세계이며 수라계(修羅界)부터는 정신과 마음을 정결케 하는 세계라는 말입니다. 그러므로 삼악도(三惡道)에서 벗어나 수라계(修羅界)에 있는 수행자들은 날마다 더러운 마음을 깨끗하게 씻어 부처님의 마음과 같이 정결케 되어야 합니다. 수라(修羅)라는 말은 아수라(阿修羅)라는 단어의 준말로 단어의 뜻은 "싸우기를 좋아하는 귀신"이라는 말입니다.

　아수라(阿修羅)라는 단어는 사람들이 많이 모인 장소에서 갑자기 화재나 폭발사고가 발생했을 때 출입구를 향해 속히 빠져 나오려고 정신없이 아우성치며 서로 뒤엉켜 몸싸움을 할 때 사용하는 말입니다. 그런데 부처님께서 말씀하시는 수라(修羅)의 뜻은 이러한 몸싸움이 아니라 수행자들이 전도된 몽상과 탐(貪), 진(瞋), 치(癡)로 인해 일어나는 번뇌망상(煩惱妄想)에서 하루속히 벗어나기 위해 자신과 싸우고 있는 자들을 가리키는 말입니다.

이렇게 천상을 향해 가는 수행자들은 자신 안에서 일어나는 갈등과 더불어 세상으로부터 오는 각종 유혹과 싸우기 위해 항상 전쟁을 하게 됩니다. 그런데 만일 수행자가 이러한 싸움에서 패배하게 되면 파계승(破戒僧)이 되어 속세로 돌아가게 되는 것입니다. 사람들이 십년공부 나무아미타불이라고 하는 말은 바로 이 싸움에서 패배한 파계승(破戒僧)들의 입에서 나온 말입니다.

이렇게 마음을 닦는 수행자들은 자신 안에 자리 잡고 있는 욕심과 속세의 미련을 버리기가 힘들고 어렵다는 것입니다. 그런데 그동안 잘못된 불교의 교리와 제도의 틀 속에서 의식화(意識化)된 고정관념(固定觀念)으로부터 벗어나기는 더욱 힘든 것입니다. 이렇게 오온(五蘊)으로 구성된 자신의 존재, 즉 이 세상으로부터 지금까지 배우고 경험한 것들로 쌓아놓은 자신의 존재를 부수고 버리기가 어렵고 힘들다는 것입니다. 그러므로 부처님께서 수라계(修羅界)에서 벗어나기 위해 자신과 싸우고 있는 수행자들에게 가르쳐주신 길이 바로 정진(精進)입니다. 정진(精進)이라는 단어의 뜻은, "정력을 다하여 나아가는 것, 열심히 노력하는 것, 악을 버리고 선을 닦는 것, 앞만 보고 달려가는 것" 등의 의미입니다. 그런데 부처님께서 말씀하시는 정진(精進)의 뜻은 모든 생각과 마음을 모두 내려놓고 오직 한 생각과 한 마음으로 천상을 향해 전심으로 달려가라는 것입니다. 병들어 죽어가는 환자들에게 가장 중요하고 시급한 일은 병원으로 달려가 치료를 받는 것입니다. 이렇게 병들어 죽어가는 사람은 만사를 제쳐놓고 오직 살려는 일념(一念)으로 병원을 찾아가 의사에게 살려달라고 애원을 합니다. 왜냐하면 자신의 생명이 경각(頃刻)에 있기 때문에 아무리 중요한 일이나 약속이 있어도 안중에 없기 때문입니다.

　이와 같이 수라계(修羅界)에 있는 수행자들은 속세의 미련을 모두 버리고 오직 천상을 향해 일심전력(一心專力)으로 정진(精進)하는 자들입니다. 일심전력(一心專力)이라는 말은 자신의 목적을 이루기 위해서 오직 한 마음을 가지고 최선의 노력을 다한다는 말입니다. 이렇게 수라계(修羅界)에서 정진(精進)을 하고 있는 수행자들의 소망과 목적은 오직 천상에 올라 부처가 되는 것인데 천상에 오르기 위해서는 먼저 수라계(修羅界)에서 벗어나 인간계로 들어가야 합니다. 그런데 수라계를 벗어나려면 그 무엇보다도 부처님의 말씀이 있어야 합니다.

　왜냐하면 어둠 속을 항해하는 배가 등대의 불빛이 없으면 향방을 모르듯이 무명(無明) 가운데 있는 수행자들은 부처님의 말씀이 없으면 아무리 몸부림을 쳐도 그곳에서 나올 수가 없기 때문입니다. 그러므로 수라계(修羅界)에 머물고 있는 수행자들은 부처님의 말씀을 붙잡고 전심을 다해 인간계를 향해 정진해야 하는 것입니다.

5. 인간계(人間界) : 인간계에서 천상에 오르는 길 – 선정(禪定)

인간이라는 단어는 사전에 "사람사이, 사람들이 사는 곳, 중생들이 윤회(輪廻)하는 곳, 사람의 세계" 등으로 설명되어 있습니다. 이렇게 인간이란 사람을 말하며 인간계란 사람들이 모여 사는 세계를 말하고 있습니다. 그러나 부처님이 말씀하시는 인간이나 인간계는 사람들이 살고 있는 이 세상을 말하는 것이 아니라, 지옥, 아귀, 축생, 수라의 세계를 벗어나 인간으로 해탈(解脫), 즉 중생(重生)한 자들의 세계를 말합니다.

역학(易學)자들은 사람들이 이 세상에 태어날 때 각기 자신의 띠 (十二支 : 子丑寅卯辰巳午未申酉戌亥)를 가지고 태어나는데 모두 짐승의 띠를 가지고 태어나며 사람의 띠를 가지고 태어나는 사람은 한사람도 없다고 합니다. 이것은 이 세상에 태어나는 인간들의 외형은 모두 사람의 탈을 쓰고 있으나 인간내면의 상태는 짐승들과 같다는 것을 말해 주는 것입니다. 그런데 열두 띠 중에 상징적 동물이 하나 있는데 바로 용(龍)이란 짐승입니다.

용(龍)은 사람들의 눈에 보이지 않는 추상적 짐승 혹은 상징적인 동물 정도로 생각하고 있습니다. 그런데 이 용이 바로 천상에 올라 부처님으로 성불(成佛)할 수 있는 인간의 존재입니다. 수많은 짐승들 중에서 성불하여 부처가 될 수 있는 짐승은 오직 용뿐인데 부처님은 용의 상태에 있는 존재들을 육바라밀(六波羅蜜)을 통해서 인간(人間)이라 말하는 것입니다. 이렇게 부처님께서 말씀하시는 인간은 짐승의 탈을 벗고 중생(重生)한 영적인 존재들을 말합니다.

 이 말씀을 통해서 불자들은 짐승의 상태에서 벗어나 진정한 인간(人間)이 된다는 것도 얼마나 힘들고 어렵다는 것을 알아야 합니다. 그런데 이런 과정을 통해서 인간으로 중생(重生)하였다 해도 성불(成佛)하여 부처가 되려면 다시 인간계에서 벗어나 천상(天上)계로 올라가야 하는 것입니다.

 이렇게 부처님께서 말씀하시는 인간은 수라(修羅)와 천상(天上)사이에서 수행하고 있는 수행자들을 가리키는 말입니다. 그러면 인간계에 있는 인간들이 천상에 오르려면 어떻게 해야 합니까? 그 길이 바로 부처님께서 말씀하시는 선정(禪定)입니다. 그러면 선정은 무슨 의미입니까?

 선정(禪定)이라는 단어의 뜻은 "차분한 마음으로 명상하는 것, 마음의 번뇌(煩惱)를 가라앉히는 것, 사념(思念)을 없애는 것, 마음을 동요시키지 않는 것" 등으로 기록되어 있습니다. 그런데 부처님께서 말씀하시는 선정(禪定)의 진정한 뜻은 부처님의 마음에 이르기 위해 자신의 생각과 마음을 한 곳으로 집중하여 고요하고 청정(淸淨)한 상태가 되는 것을 말합니다. 이렇게 선정은 정신을 통일하여 삼매경(三昧境), 즉 무아(無我)의 경지에 들어가는 것입니다.

수도승이나 수행자들이 가부좌(跏趺坐) 자세로 벽을 향해 날마다 참선(參禪)을 하는 것은 오직 삼매경(三昧境)에 이르기 위해서입니다. 그런데 아무리 참선(參禪)을 해도 삼매경(三昧境)에 이르기가 쉽지 않고, 혹 잠시 삼매의 경지에 이른다 해도 지속이 되지 않습니다. 그 이유는 부처님께서 말씀하시는 선정(禪定)의 의미를 잘 모르기 때문이라 생각합니다. 선정(禪定)은 조용히 앉아서 참선(參禪)을 한다 해서 번뇌망상(煩惱妄想)이 떠나가고 마음이 청정(淸淨)해지는 것이 아니라 진리의 빛, 즉 부처님의 말씀과 그의 가르침에 의해서 조금씩 닦아져 청결(淸潔)하게 되어지는 것입니다.

그러므로 진정한 선정(禪定)은 부처님의 말씀을 화두(話頭)로 삼고 주야로 묵상을 하면서 자신이 지금까지 가지고 있던 잘못된 생각과 마음을 부처님의 생각과 마음으로 하나하나 바꾸어나가는 것입니다. 이런 과정을 통해서 지금까지 자신이 소유하고 있던 생각과 마음을 모두 버리고 부처님의 생각과 마음으로 변화될 때 삼매(三昧)의 경지에 이르게 되는 것입니다.

불자들이 이런 수행의 과정을 통해서 삼매의 경지에 들어가면 반드시 해탈(解脫)이 됩니다. 스님들이 도(道)를 닦는다는 말은 곧 마음(心)을 닦는다는 말인데, 이 말은 인간의 더러워진 마음을 진리(眞理)를 통해서 깨끗하게 씻는다는 말입니다. 이렇게 인간(人間)의 상태에 있는 사람이 부처님의 말씀을 통해서 마음을 깨끗이 닦아서 청정심(淸淨心)이 된다면 곧 성불하여 부처가 되는 것입니다.

그러므로 인간의 상태에서 마음을 닦는다는 것은 매우 중요한 일입니다. 이렇게 인간계에서 벗어나 천상에 올라 부처가 되려면 부처님의 가르침을 받아서 마음을 닦아 부처님의 마음에 이르는 수행의 과정을 통과해야 합니다. 그런데 인간의 상태에서 부처가 되려면 무엇보다 부처님께서 가르쳐 주신 삼학(三學)을 지켜 행해야 합니다. 왜냐하면 인간들이 천상에 올라 부처가 되려면 반드시 삼학(三學)을 통하여 부처님의 자비(慈悲)와 지혜(智慧)를 갖추어야 하기 때문입니다. 자비(慈悲)는 심적(心的) 측면에서의 사랑과

긍휼의 품성을 갖추는 것이며 지혜(智慧)는 정신적이며 지적(知的)인 능력을 갖추는 것입니다.

삼 학(戒,定,慧)

첫째 – 계학(戒學) : 불자들이 지켜야 할 부처님의 계율

둘째 – 정학(定學) : 모든 생각을 버리고 마음을 닦아서 고요하고 평안한 경지에 이르게 하는 부처님의 가르침

셋째 – 혜학(慧學) : 부처님의 지혜(智慧)를 통해서 진리를 깨달아 견성에 이르는 가르침.

인간계에 있는 인간들이 천상에 올라 부처가 되려면 반드시 삼학(三學)을 통한 자리(自利)와 이타행(利他行), 즉 상구보리(上求菩提)와 하화중생(下化衆生)을 행해야 합니다.

상구보리(上求菩提)는 자신이 성불하기 위해 정진하는 것이며 하화중생(下化衆生)은 아귀(餓鬼)계와 축생(畜生)계와 수라(修羅)계에 머물고 있는 자들을 가르치고 훈련시켜 인간으로 중생(重生)시키는 것을 말합니다. 이렇게 인간들

이 천상(天上)에 올라 부처가 되려면 아귀와 축생(畜生)과 수라(修羅)계에 있는 자들을 부처님의 자비심(慈悲心)으로 열심히 가르치고 도와주는 이타(利他)를 행해야 합니다. 그런데 인간들이 천상에 오르기 위해서는 그 무엇보다 반야(般若)를 전적으로 의지해야 합니다. 왜냐하면 석가모니 부처님께서도 행심반야바라밀다시(行深般若波羅蜜多時)에 해탈하여 관자재보살(觀自在菩薩)이 되셨기 때문입니다.

행심반야바라밀다(行深般若波羅蜜多)라는 뜻은 부처님께서 피안(彼岸)(천상)에 오르기 위해서 오직 반야(般若)를 의지하며 열심히 육바라밀(六波羅蜜)을 행하였다는 말입니다. 이렇게 반야(般若)를 믿고 의지하며 이타(利他)를 행할 때에 반야(般若)의 도우심으로 천상계인 부처님의 세계로 들어가게 되는 것입니다.

이와 같이 인간들이 해탈하여 부처가 되는 것은 인간의 노력이나 자신의 의지만으로 되는 것이 아니라 반야(般若)의 전적인 도움이 있어야 된다는 것을 명심해야 합니다. 이렇게 인간들은 반야(般若)의 존재를 절대 신으로 믿고 의지하며 부처님의 자비심(慈悲心)으로 날마다 이타(利他)를 행할 때 해탈이 되어 천상에 올라 부처가 되는 것입니다.

6. 천상계(天上界) : 지혜의 본체가 되는 길 – 지혜 (智慧)

　천상계(天上界)란 하늘의 세계 또는 신(부처님)들의 세계라는 말인데, 부처님께서 말씀하시는 천상계는 반야(般若)의 세계, 즉 무상정등정각(無上正等正覺)의 세계를 말합니다. 이렇게 천상의 세계는 육바라밀(六波羅蜜)을 통해서 해탈하여 성불하신 부처님들의 세계를 말하고 있습니다. 그런데 부처님들이 계신 천상의 세계도 모두 동일한 것이 아니라 깨달음의 상태와 그 차원에 따라 각기 그 위(位)가 다르다는 것을 알아야 합니다. 즉, 부처님이 계신 열반의 세계에 1차원에는 관자재보살(觀自在菩薩) 부처님이 계시고 2차원에는 보리살타(菩提薩陀) 부처님이 계시며 3차원에는 삼세제불(三世諸佛)이 계신다는 것입니다.

　이것은 기독교에서 말하는 삼위(三位)의 하나님, 즉 성부(聖父)하나님, 성령(聖靈)하나님, 성자(聖子)하나님과 동일한 것입니다. 이것은 부처님의 세계와 하나님의 세계는 용어만 다를 뿐 모두 동일한 세계라는 것입니다. 단지 무지한 중생들이 혜안(慧眼)이 없고 영안이 없어 다르게 보고 다르게 말할 뿐입니다. 그러므로 인간계에서 천상계에 들어와 관자재보살(觀自在菩薩) 부처님이 된다 해도 2차원의 보리살타(菩提薩陀) 부처님이 되기 위해서는 지혜(智慧), 즉 반야(般若)의 지혜(생명)를 가지고 오계(五界)에서 고통 받고 있는 중생들을 구제하여 성불(成佛)을 할 수 있도록 이타행(利他行)인 하화중생(下化衆生)을 끊임없이 행해야 합니다. 이렇게 오계(五界)에서 생로병사(生老病死)의 윤회(輪廻) 속에서 고통 받고 있는 중생들을 구제하여 성불을 시키면 보리살타(菩提薩陀) 부처님이 되는 것입니다.

그런데 이타를 행하여 보리살타(菩提薩陀)부처님이 된 후에도 무상정등정각(無上正等正覺)인 삼세제불(三世諸佛)로 완성되기 위해서는 반드시 반야(般若)를 의지해야하며 반야(般若)의 지혜를 가지고 끊임없이 이타(下化衆生)를 행해야 합니다. 왜냐하면 보리살타(菩提薩陀) 부처님이 이타를 행치 않으면 구경열반(究境涅槃)에 이르러 삼세제불(三世諸佛)이 될 수 없기 때문입니다. 이 때문에 석가모니 부처님께서 해탈을 하여 부처님이 되신 후에 그의 여생을 자신의 몸을 불태우며 하화중생을 하신 것입니다. 석가모니 부처님은 그 결과 구경열반(究境涅槃)에 들어가 무상정등정각(無上正等正覺)의 지혜에 이르러 삼세제불(三世諸佛)이 되신 것입니다.

이와 같이 해탈하여 관자재보살이 되었다 하여도 삼세제불(三世諸佛)로 완성되기 위해서는 끊임없이 하화중생(下化衆生)을 계속해야 합니다. 천상의 세계는 반야(般若)의 세계이며 무상정등정각(無上正等正覺)의 세계입니다. 이 세계는 근원적 반야(般若)의 지혜를 말하는데 이 지혜를 가리켜 아뇩다라삼먁삼보리(阿耨多羅三邈三菩提)라 말합니다. 그러므로 부처님은 반야(般若)를 가리켜 시대신주(是大神呪)요 시대명주(是大明呪)요 시무상주(是無上呪)요 시무등등주(是無等等呪)라 말씀하시는 것인데, 주(呪)라는 뜻은 진언(眞言-진리의 말씀)이라는 말입니다.

이렇게 반야(般若)는 이 우주 만물을 초월하여 계신 제일 큰 신(是大神呪)으로 한없이 밝고 깨끗하시며(是大明呪) 반야(般若) 이상의 신이나 지혜(是無上呪)는 존재하지 않으며 이 말씀과 비교할 어떤 말씀도 없다(是無等等呪)는 것을 알아야 합니다. 또한 삼세제불(三世諸佛) 부처님은 중생들을 모든 괴로움과 고통 속에서 건져주시는 무한한 원력을 가지고 계시기 때문에 반야(般若)는 곧 능제일체고(能除一切苦)라 말씀하고 있습니다.

또한 반야(般若)는 진실불허(眞實不虛), 즉 반야의 본체는 진실이시며 영원히 변치 않는 진리로서 그 안에는 거짓이나 가식이 전혀 없다는 것입니다.

　이렇게 석가모니 부처님은 반야(般若)를 신이라고 분명하고도 확실하게 말씀하고 있습니다. 그런데도 불구하고 지금까지 스님들이나 불자들은 불교의 교리로 인한 전도몽상(顚倒夢想) 때문에 불교에는 신이 존재하지 않는다고 신을 전적으로 부정해 온 것입니다. 그러나 신이 없는 신앙은 죽은 신앙이며 마치 생명이 없는 쭉정이와 같은 신앙입니다. 이 때문에 출가승이나 수행자들이 그토록 열심히 마음을 닦으며 수행을 하고 고행을 해도 해탈이 되지 않는 것입니다. 그러므로 불자들이 무엇보다 시급한 일은 불교가 말살해 버린 반야(般若)의 신을 다시 되찾아 불자들의 신으로 모셔 들여야 합니다.

　왜냐하면 불자들이 반야(般若)를 신으로 모시지 않으면 예불시간이나 법회시간에 반야심경(般若心經)을 아무리 독경(讀經)을 하고 법문을 들어도 그것은 공염불에 지나지 않으며 헛된 지식과 의식에 불과하기 때문입니다. 이렇게 불자들이 지금까지 반야(般若)를 모르는 것은 마치 자기 손에 보화(寶貨)를 쥐고 있으면서도 그 보화를 보지 못하는 것과 같은 형상(形象)입니다.

　그러므로 오늘날 불자들은 반야심경(般若心經)의 육바

라밀(六波羅蜜)을 통해서 반야(般若)를 신으로 받아들여야 하며 반야를 믿고 의지하여 성불(成佛)에 이르도록 힘써야 합니다.

또한 불자들은 육바라밀(六波羅蜜)을 통해서 자신이 육계(六界) 중 어느 세계에 머물고 있는지를 확실히 알아야 합니다. 그리고 이 세상 사는 동안에 혜안(慧眼)이 열린 부처님을 찾아서 그의 올바른 가르침을 받아야 합니다.

이렇게 부처님을 통해서 육바라밀(六波羅蜜)을 열심히 정진수행(精進修行) 한다면 모두가 천상에 이르러 부처가 될 것입니다.

24
부처님의 생애(生涯)

석가모니(釋迦牟尼) 부처님은
불교(佛敎)의 창시자로서 그의 가르침은
무명(無明)의 중생들에게 영원한 빛과 생명이 되어
지금도 어두운 마음을 두루 밝혀 주고 있습니다.

부처님의 생애(生涯)

　석가모니(釋迦牟尼) 부처님은 불교(佛敎)의 창시자로서 그의 가르침은 무명(無明)의 중생들에게 영원한 빛과 생명이 되어 지금도 어두운 마음을 두루 밝혀 주고 있습니다.

　석가모니(釋迦牟尼) 부처님의 본래 이름은 고타마 싯달타이며 석가모니란 석가족의 성자(聖子)라는 뜻입니다. 고타마 싯달타는 만년설이 덮여있는 히말리야 산맥 남쪽 기슭에 석가족이 살고 있는 카필라 왕국에서 태어나셨습니다. 카필라는 주로 농사를 지어 살고 있는 나라로 싯달타의 아버지는 숫도다나 왕이며 어머니는 마야 왕비입니다.

　마야왕비는 결혼 한지 20년이 지나도록 아이가 없었는데 어느날 밤 여섯 개의 상아를 가진 흰 코끼리가 오른쪽 옆구리로 들어오는 꿈을 꾸고 난후 아기를 잉태(孕胎)하게 되었다고 합니다. 어머니 마야는 산달이 되어 나라의 관습에 따라 해산(解産)을 하기 위해 친정으로 가던 도중 룸비니라는 동산에서 싯달타를 출생하게 되었습니다. 그런데 경전에 싯달타가 탄생할 때 여러 진기한 사건들이 일어났다고 기록되어 있습니다.

부처님은 어머니 태에서 나오자마자 동서남북 사방으로 일곱 걸음씩 걸으며 오른 손으로 하늘을 왼손으로 땅을 가리키며 "천상천하(天上天下) 유아독존(唯我獨尊)"이라고 말씀하시면서 온 세상이 모두 고통 속에 잠겨 있으니 내가 모두 편안케 하리라고 외쳤다고 합니다. 그러자 하늘과 땅이 진동을 하며 하늘에서는 꽃비가 내리고 천신들이 하늘에서 내려와 태자(太子)에게 경배(敬拜)를 하였으며 태자가 걸었던 발자국 마다 연꽃이 피어올랐다고 합니다. 그리고 연못 속에서 두 마리의 용이 올라와 그 입으로 따뜻한 물을 뿜어 갓 태어난 아기의 몸을 씻겨주었다고 합니다.

불자들은 태자에게 일어났던 이 모든 일들이 사실이라 믿어오고 있습니다. 그런데 어떻게 갓 태어나 핏덩어리와 같은 어린 아기가 일어나 걸을 수가 있고, 또한 아무 말도 못하는 갓난아이가 어떻게 유아독존(唯我獨尊)이라는 말을 할 수 있단 말입니까? 경을 보면 태자는 본래부터 부처의 몸으로 태어난 것이 아니라 중생들과 같은 몸으로 태어나서 깨달음을 얻은 후 부처가 되었다고 말하고 있습니다.

그러므로 이러한 이야기들은 스님들이 부처님을 미화(美化)시켜 무명의 중생들이 부처님을 믿고 경외(敬畏)하게 하기 위해서 만들어 낸 것이라 사료(思料)됩니다. 이렇게 어린 태자가 어미의 태에서 태어난 날은 사월 초팔일인데 불자들은 이날을 부처님이 태어나신 석가(釋迦)탄일(誕日)로 정하여 이날을 기념하기 위해 해마다 경축행사를 하고 있습니다.

그러나 부처님(싯달타)이 태어나신 날은 육신이 어미의 태에서 나온 4월 8일이 아니라 35세에 보리수나무 아래서 성불(成佛)하여 부처가 되신 날을 말하는 것입니다. 즉 4월 8일은 태자(싯달타)의 육신이 태어난 생일이고 부처님이 태어나신 석가(釋迦)탄일(誕日)은 삼십 오세가 되어 보리수나무 아래서 정각(正覺)을 이루신 해의 12월 8일이라는 것입니다. 부왕 숫도다나는 그토록 기다리던 왕자의 출생으로 몹시 기뻐하며 자신의 모든 소원이 이루어졌다는 뜻으로 왕자의 이름을 싯달타 라고 하였습니다. 그러나 그 기쁨도 잠시, 마야 왕비는 왕자를 낳은 지 칠일 만에 세상을 떠나게 된 것입니다.

태자는 왕비의 동생인 마하 파사파제에 의해서 양육을 받게 되었습니다. 그 무렵 산 속에서 수행을 하던 아시타 라는 선인이 있었는데 싯달타를 바라보고 이 아이가 장성하면 세계를 통일할 수 있는 위대한 왕이 될 것이며 만일 출가하여 도를 닦으면 세상의 중생들을 제도(濟度)하는 부처가 될 것이라고 예언을 하였습니다. 숫도다나 왕은 이 예언을 듣고 처음에는 기뻐하였으나 대를 이을 왕자가 출가하면 어쩌나 하고 걱정을 하게 된 것입니다. 태자는 총명하여 일곱 살 때부터 문무(文武)의 도(道)를 배우고 익히기 시작했습니다.

태자는 어느 해 봄날 부왕을 따라 경운식(耕耘式)에 참석하게 되었는데 농부들이 밭을 갈고 있을 때 가래에 끌려나온 벌레를 새가 날아와 쪼아먹는 것을 바라보고 애처러운 마음에 숲으로 들어가 깊은 생각에 잠겼습니다. 얼마 후에 태자는 수레를 몰고 동문(東門) 밖으로 산책을 가게 되었는데 머리가 하얀 노인이 추한 모습으로 쇠약한 몸을 지팡이에 의지하며 쓰러질 듯이 걸어가는 모습을 바라보며 나도 늙으면 저렇게 되겠구나! 하는 생각을 하고 실의에 빠진 것입니다.

태자는 며칠 후에 남문을 통해서 산책을 나갔는데 길옆에 피골(皮骨)이 상접(相接)한 사람이 구슬 같은 땀방울을 흘리면서 열병으로 괴로워하는 것을 바라보고 나도 병들면 저렇게 되겠구나! 하는 생각을 하고 한동안 슬픔에 잠겼습니다.

그 후 태자는 다시 조용하고 한적한 길을 택하여 산책

을 하기로 하고 인적이 드문 서문(西門)으로 나아갔는데 때마침 사람들이 시체를 상여에 메고 자손들은 그 뒤를 따라 곡을 하며 장사지내러 가는 광경을 목격하게 되었습니다. 이 때 태자는 태어난 것은 모두 병들고 늙고 죽게 되는구나! 하면서 나도 언젠가는 저들과 같이 병들어 신음하고, 추하게 늙어 결국은 죽겠구나! 하는 좌절감에 빠져 고민을 하게 된 것입니다.

자신이 비록 태자의 신분으로 이 나라의 왕이 될 자이지만 결국은 자신도 병들고 늙고 죽을 수밖에 없는 목숨이라는 것을 생각하니 궁궐의 부귀영화(富貴榮華)나 자신의 젊음이 무슨 소용이 있단 말인가? 이렇게 태자는 인생의 무상함을 느끼며 실의에 빠지게 된 것입니다. 그러면 이 인간 세상에 생로병사(生老病死)를 초월하여 영원히 살 수 있는 방법이나 길은 없단 말인가? 또한 자신의 존재는 어디로부터 왔으며 무엇 때문에 살다가 사후에는 어디로 가는 것일까? 그리고 인간들이 이 세상에 태어나서 살아가는 인생의 의미는 진정 무엇인가? 라는 생각을 끊임없이 하게 된 것입니다. 그러나 아무리 생각을 하고 찾아보아도 생로병사(生老病死)를 초월(超越)할 수 있는 길이나 방법이 없다는 것을 알고 다시 좌절하게 된 것입니다.

그런데 어느 날 사람들의 대화 속에서 생로병사(生老病死)를 초월하는 영생의 길이 있다는 것을 듣게 된 것입니다. 이 말을 들은 태자는 이 때부터 영생의 길을 찾기 위해 출가를 결심하게 된 것입니다. 이러한 태자의 마음을 알게 된 부왕은 태자의 마음을 돌이키기 위해서 여러 가지로 노력을 해보았으나 태자의 마음은 변함이 없었습니다. 부왕은 태자의 마음을 돌이키기 위해 결국 결혼을 시키게 되었는데 그때 나이 19세였습니다. 신부는 태자 어머니의 오라비 데바다하성의 왕인 수프라붓다의 딸 야쇼다라였습니다. 태자는 야쇼다라와 결혼하여 아들을 낳게 되었는데 이 아들이 자신의 출가를 막는 애물이라 하여 이름도 "라훌라"라 지은 것입니다.

태자는 자신의 출가를 더 미룰 수가 없어 부왕을 찾아갔습니다. 태자는 부왕에게 자신이 원하는 것을 들어주면 출가를 하지 않겠다고 말씀을 드렸습니다. 태자가 출가를 하지 않겠다는 말을 들은 부왕은 기뻐하며 네가 원하는 것은 무엇이든지 다 들어주겠다고 약속을 하였습니다. 그런데 태자가 부왕에게 원하는 것은 왕의 권좌(權座)나 세상의 부귀영화(富貴榮華)가 아니라 자신이 늙고 병들고 죽는 문제를 해결해달라는 것이었습니다.

부왕은 태자의 요구에 난감하게 되었습니다. 왜냐하면 아무리 천하를 호령하고 부귀영화(富貴榮華)를 누리는 왕이라 해도 인간의 생로병사(生老病死)는 왕의 마음대로 할 수가 없기 때문입니다. 부왕은 태자의 생로병사(生老病死)는 물론 자신의 생노병사도 해결할 수가 없었습니다.

태자는 결국 29세가 되던 해에 궁전에서 빠져나와 출가를 하게 된 것입니다. 궁궐을 나와 구도의 길을 가는 태자에게 마귀가 접근하여 "궁전으로 돌아가라" "이 세상은 모두 네 것이다" "너는 무엇 때문에 부귀영화를 버리고 고생을 하려는가?" 하며 가는 길을 막으려 온갖 미혹을 하였습니다. 그러나 태자는 "마귀야 물러가라 내가 구하고 찾는 것은 세상의 부귀영화(富貴榮華)가 아니라 천계(天界)의 영원한 생명이니라" 하며 마귀의 유혹을 모두 물리쳤습니다.

출가를 한 태자는 이때부터 바리때(밥그릇)를 손에 들고 이집 저집을 떠돌며 구걸하는 신세가 되었습니다. 그러나 궁궐에서 산해진미(山海珍味)의 진수성찬(珍羞盛饌)을 먹던 태자가 걸식(乞食)하여 얻은 밥을 먹는다는 것은 그리 쉬운 일이 아니었습니다. 하지만 자신은 지금 집도 절도 없이 영생을 찾아 진리의 도를 구하는 출가자라는 생각을 하고 구걸(求乞)한 밥을 기쁜 마음으로 먹었습니다.

태자가 처음으로 찾아간 스승은 비사리국에 고행외도(苦行外道)의 일인자인 "발가바" 선인이었습니다. 그 선인은 나무껍질과 나무 잎으로 옷을 삼고 음식은 나물과 과일로 하루 한 끼를 먹고 잠은 노천(露天)에서 자고 있었습니다. 선인은 이렇게 고행을 함으로 미래에는 천계로 올라가 행복하게 살 수 있다고 하였습니다.

태자는 이 선인을 바라보며 장사꾼은 보물을 구하려고 바다에 들어가고 왕은 나라를 구하려고 전쟁을 하지만 선인들은 천계(天界)를 구하려고 이런 고행을 하고 있구나! 라고 생각하였습니다. 그러나 태자는 이런 것은 진정한 도가 아니라는 것을 알고 그곳을 떠나게 되었습니다.

태자는 다시 왕사성 부근 미루산 속에서 수행을 하고 있는 "아라 라가라마"라는 수행자를 만나 그의 가르침을 받기로 하였습니다. 라가라마는 태자에게 도(道)는 공무변처(空無邊處)라고 가르쳐주었습니다. 공무변처란 모든 물질의 관념을 초월해 버린 것으로서 존재하는 것은 모두 허상이며 오직 공(空)만이 영원한 것임을 깨달아 아는 것이 곧 선정(禪定)이라는 뜻입니다.

그러나 태자는 그의 가르침에도 만족하지 않고 다시 "우가다"라는 선인을 찾아갔습니다. "우가다"는 태자에게

비상비비상처(非想非非想處)라는 가르침을 주었습니다.

　비상비비상처(非想非非想處)란 "생각이 있는 것도 아니고 생각이 없는 것도 아니다"라는 말입니다. 그러나 태자는 아(我)가 없다면 비상비비상처(非想非非想處)가 있을 수 없고 아가 있다면 집착이 일어남으로 해탈 할 수 없다는 것을 알고 그곳을 떠나게 되었습니다.

　태자는 이밖에도 여러 선인들의 가르침도 받았고 힘든 고행도 해보았지만 깨우침을 얻지 못하여 할 수 없이 "우르빌바"의 숲 속으로 들어가 조용히 홀로 수행하기로 하였습니다. 태자는 하루에 한 끼 혹은 보름에 한 끼를 먹으며 더위와 추위 그리고 각종 해충(害蟲)들과 마귀들 속에서 정진(精進)을 계속하였습니다.

　태자의 몸은 피골이 상접하였고 몸 하나 가누기 힘든데도 불구하고 가시방석에 앉는 고행, 불로 몸을 지지는 고행, 물 속에 들어가 추위를 견디는 고행(苦行) 등 온갖 수행을 계속하였습니다. 이렇게 태자는 지금까지 어떠한 수행자도 행하지 못했던 고도의 고행을 참고 견디어 내었습니다. 그러나 태자는 육 년이란 세월의 고행 속에서도 깨달음은 얻지 못한 것입니다.

　태자는 이러한 고행은 모두 부질없는 것이라는 것을 깨

닫고 기력을 회복하여 다시 정진하기로 결심을 하고 "네란자라강"으로 들어가 더러운 몸을 깨끗이 씻었습니다.

　　태자는 이때 "우르비라" 촌에서 내려온 "수자타" 여인이 정성으로 공양(供養)하는 "유미"(우유로 만든 죽)를 먹고 점차 기력을 회복하게 되었습니다. 이때 태자를 따라 함께 수행을 하던 동료들은 태자가 수자타 여인에게 우유죽을 받아먹는 것을 바라보고 태자가 타락했다고 비난을 하며 태자의 곁을 떠나 녹야원으로 모두 들어갔습니다. 그러므로 태자는 네란자라 강변에 있는 보리수나무에 홀로 앉아 수행을 하기 시작하였습니다.

　　이때 태자는 내가 깨달음을 얻지 못한다면 살아서는 다시 일어나지 않겠다는 굳은 결심을 하고 명상에 들어간 것입니다. 태자의 이러한 각오를 알아챈 마왕(魔王)은 각종 귀신들을 동원시켜 방해공작을 하였습니다. 간교하고 아름다운 여자귀신, 흉측하고 두려운 귀신, 세상의 부귀영화(富貴榮華)를 주는 귀신, 세상의 모든 권세를 주는 귀신 등을 태자에게 접근시켜 온갖 미혹과 협박을 하였습니다.

　　그러나 태자는 이미 세상의 모든 부귀영화를 버리고 죽음까지 각오를 하고 수행정진을 하고 있기 때문에 마왕도 태자의 굳은 마음을 굴복시킬 수 없었습니다.

태자는 결국 모든 고행과 마왕의 시험까지 물리치고 깨달음을 얻게 된 것입니다.

　태자의 나이 35세가 되던 해 12월 8일 새벽 동틀 무렵에 보리수나무 아래서 정각(正覺)을 이루어 부처가 되신 것입니다. 태자는 출가한지 6년 만에 생로병사(生老病死)의 윤회(輪回)에서 벗어나 영원한 생명으로 해탈(解脫)하여 부처님으로 탄생하시게 된 것입니다.

　태자가 출가한지 6년 만에 해탈하여 성불하신 것은 단순한 6년이라는 의미가 아니라 육바라밀의 과정을 화두로 말씀하고 있는 것입니다. 즉 해탈은 육바라밀의 수행과정을 통해서 된다는 뜻입니다. 이렇게 무상정각(無上正覺)을 이루신 부처님은 보리수나무 아래서 일어나 혜안(慧眼)으로 세상을 바라보니 깨달은 부처가 하늘 위에도 없고 하늘 아래도 없음을 아시고 외롭고 쓸쓸한 마음에 "천상천하(天上天下) 유아독존(唯我獨尊)"이라고 말씀을 하신 것입니다.

　부처님께서 이 말씀을 하신 뜻은 천상천하(天上天下)에 자신이 제일 위대하다는 의미가 아니라 하늘 위나 하늘 아래에 깨달은 부처가 하나도 없기 때문에 자신이 제일 외롭고 고독하다는 뜻으로 하신 말씀입니다. 그러므로 불자들은 부처님이 말씀하신 천상천하(天上天下) 유아독존(唯我

獨尊)이라는 올바른 뜻과 진정한 석가탄일은 4월 8일이 아니라 12월 8일이라는 것을 알아야 합니다.

그보다 더 중요한 것은 태자가 더러워진 몸을 씻은 네란자라 강은 무엇을 말하며, 태자가 앉아 계셨던 보리수나무는 무엇을 말하며, 또한 수자타 여인이 태자에게 공양한 유미 죽은 무엇을 말하는지 그리고 태자가 수행을 한 6년은 무엇을 의미하는지를 알아야 합니다. 왜냐하면 이 사건들 속에 태자가 해탈하여 부처가 되신 화두(話頭)의 비밀이 모두 감추어져 있기 때문입니다. 이제 태자가 해탈(解脫)하여 성불하게 되신 화두(話頭)의 비밀을 말씀드리겠습니다.

태자가 몸을 씻은 네란자라 강은 진리의 원천(源泉)을 말하며, 태자가 앉아 참선을 하셨던 보리수나무는 지혜의 나무 곧 생불을 말하며, 수자타 여인이 태자에게 공양(供養)한 유미(우유로 만든 죽)는 감로수, 즉 진리의 말씀을 말하며, 태자가 해탈하기까지의 수행기간 6년은 곧 육바라밀(지옥-아귀-축생-수라-인간-천상)을 화두(話頭)로 말씀하고 있습니다.

이렇게 태자는 네란자라 강과 보리수나무와 수자타 여인이 공양하는 유미 죽과 그리고 6년이란 수행의 과정이 있었기 때문에 해탈을 하시게 된 것입니다.

태자의 해탈은 네란자라 강(진리의 강)에서 더러운 몸을 씻음으로 시작되었는데 이는 성경에 예수님이 요단강에서 세례(몸을 씻음)를 받으신 후 하나님의 아들(부처님)로 거듭나는(해탈) 과정과 동일한 사건입니다.

이렇게 태자는 자각(自覺)에 의해서 깨달으신 것이 아니라 반야(是大神)에 의해서 반야의 도우심으로 깨달아 부처님이 되신 것입니다. 이 때문에 부처님은 반야심경을 통해서 사리자에게 "행심반야바라밀다시(行深般若波羅密多時) 조견오온개공(照見五蘊皆空) 도일체고액(度一切苦厄)"을 하여 관자재보살(觀自在菩薩)이 되었다고 말씀하신 것입니다.

관자재보살(觀自在菩薩)은 혜안(慧眼)이 열려 천상(天上)의 세계를 스스로 보는 부처님을 말합니다. 불자들이 이러한 말씀을 들으시면 경악을 하는 분들도 계시겠지만 모두가 사실이요 진실입니다.

불교의 가장 큰 문제는 악령(惡靈)을 가지고 있는 마왕(魔王)이나 각종 귀신들은 존재한다고 인정을 하면서도 상대적인 성령(聖靈)이나 천신(天神)은 부정을 하고 있다는 것입니다. 그러나 천신(天神)없이는 지신(地神)이 있을 수 없고 성령(거룩한 영)없이는 악령(악한 영)도 있을 수 없습니다. 이 말은 천신(하나님)이 없다면 부처도 예수도 있을 수 없고 인간이나 자연만물도 존재할 수 없다는 뜻입니다.

태자는 결국 출가한지 6년 만에 보리수나무(지혜의 나무), 곧 반야에 의해서 정각을 이루어 부처님이 되셨고 태자는 이때부터 "석가모니(釋迦牟尼)"라는 이름으로 부르게 된 것입니다. 석가모니(釋迦牟尼)란 태자의 이름이 아니라 석가족의 성자(聖子)라는 뜻입니다.

부처님은 석가모니(釋迦牟尼)라는 이름 이외에도 관자재보살(觀自在菩薩), 관세음보살(觀世音菩薩), 불타(佛陀), 무상각자(無上覺者), 여래(如來), 석존(釋尊), 세존(世尊) 등 여러 이름으로 부르고 있습니다.

부처님이 되신 석가모니는 먼저 자기와 함께 수행을 하다가 떠나간 동료 수행자들을 깨우쳐 주기 위해서 "녹야원(鹿野苑)"으로 가셨습니다. 동료 수행자들은 그들을 찾아간 부처님을 파계승(破戒僧)이라 냉대하며 상종조차 하지 않으려 하였지만 부처님의 빛나는 얼굴과 그의 놀라운 설법을 듣고 감동을 받아 모두 부처님의 제자가 된 것입니다.

부처님이 동료들에게 설한 말씀은 "사성제(四聖諦)"였습니다. 부처님께서 설하신 사성제는 해탈로 가는 길을 넷으로 나누어 말씀하신 것인데 네 길은 고성제(苦聖諦), 집성제(集聖諦), 멸성제(滅聖諦), 도성제(道聖諦)를 말합니다.

　사성제(四聖諦)는 고집멸도(苦集滅道)에 성제(聖諦)라는 이름을 붙인 것인데 "성제(聖諦)"라고 하는 이유는 무명의 중생들이 성불하여 부처가 되는 길이 바로 사성제(四聖諦) 안에 모두 들어있기 때문입니다. 사성제는 부처님께서 정각을 이루신 후 그의 동료들에게 최초로 설하신 법문(法門)인데 이 사성제는 지금도 변함없이 무명의 중생들을 해탈의 길로 인도하고 있는 가장 소중한 법문(法門)입니다.

　부처님은 그 후 "왕사 성"으로 들어가 "빔비사라" 왕을 교화한 후 그곳에 법문(法門)을 설하는 근거지를 만들고 열심히 중생들을 가르쳤습니다. 부처님의 소문을 들은 많은 사람들은 구름처럼 몰려왔고 부처님의 가르침을 받고 제자가 된 사람은 "사리자"를 비롯해서 약 2000명이나 되었습니다.

　부처님은 "왕사성"에만 머무르지 않으시고 각 지방을 순회하며 45년의 기나긴 세월을 오직 중생을 구제하는 일에 전력을 다하셨습니다. 부처님이 80세가 되시던 해에 "파바"라는 마을에 들렸는데 그곳에서 대장간을 하는 "춘다"라는 사람이 공양을 한 음식(돼지고기)을 먹고 배탈이 나셨습니다.

부처님은 아픈 몸에도 불구하고 "쿠시나가라" 마을로 가셔서 마지막 설법을 하신 후 숲 속으로 들어가 "샤라" 라는 나무 아래서 열반(涅槃)에 드셨습니다. 이렇게 부처님의 모든 삶은 자신이 성불(成佛)하기 위해서 온갖 고난을 받으시며 최선을 다하셨고 성불하여 부처가 되신 후에는 중생들을 구제(救濟)하여 영원한 생명을 주시기 위해서 최선을 다하신 것입니다.

부처님의 유해(遺骸)는 부처님의 제자 "아난다"의 지시에 따라 화장(火葬)을 하였습니다. 불자들은 부처님의 시신을 화장(火葬)을 하여 타다 남은 유골(遺骨)을 "진신사리(眞身舍利)"라 말합니다.

때문에 부처님의 사리를 서로 취하기 위해서 인도의 각처에 있는 왕들이 몰려와 쟁탈전까지 하게 되었는데 결국은 부처님의 사리를 여덟 나라에 고루 분배를 하기로 타협한 것입니다. 이렇게 분배받은 부처님의 사리를 각기 자기 고국으로 기지고 가서 사찰이나 탑에 봉안(奉安)하여 오늘날 까지 모셔오고 있는 것입니다. 이렇게 한 줌 밖에 안 되는 부처님의 유골(遺骨)은 여덟 나라에 분배되어 지금까지 소장하고 있습니다. 그런데 어느 나라 어느 사찰에 가보아도 모두 부처님의 진신사리(眞身舍利)를 모셔 놓았다고 말합니다. 그러면 부처님의 사리가 몇 톤으로 불어났단 말입니까? 진신사리(眞身舍利)가 진정 무엇이란 말입니까? 불에 타다 남은 부처님의 뼈 몇 조각이 진정 부처님의 사리란 말입니까?

부처님의 실체는 부처님의 육신이나 뼈 조각이 아니라 부처님 안에 있던 진리를 말합니다. 그러므로 부처님의 진신 사리는 부처님의 유골이 아니라 부처님께서 생전에 중생들에게 가르쳐 주신 말씀(法文)들이 진정한 "진신사리(眞身舍利)"입니다. 즉 부처님께서 중생들에게 주신 사성제(四聖諦), 팔정도(八正道)가 "진신사리"이며 성불의 길을 가르쳐주신 반야심경(般若心經)과 금강경(金剛經)이 진정한 "진신사리(眞身舍利)"입니다.

부처님의 타다 남은 뼈 몇 조각이 중생들에게 무엇을 가르쳐주며 무엇을 할 수 있단 말입니까? 부처님께서 가르쳐 주신 말씀만이 지금도 우리를 해탈(解脫)로 가는 길을 밝혀주며 성불(成佛)할 수 있도록 도와주십니다. 이와 같이 부처님의 진신사리(眞身舍利)는 불 속에서 타다 남은 부처님의 뼈 조각들이 아니라 부처님 생전에 불자들에게 가르쳐 주셨던 고귀한 말씀들을 말합니다. 즉 부처님의 진신사리는 부처님이 가르쳐주신 육바리밀이며, 사성제(四聖諦),

팔정도(八正道)입니다. 그런데 무지한 불자들은 혜안이 없어 부처님의 진신사리를 올바로 보지 못하고 지금도 부처님의 뼈 몇 조각을 모셔놓고 서로 진신사리라 말하고 있는 것입니다.

이 때문에 부처님은 임종하시기 직전에 자신의 몸에서 나오는 사리 때문에 분쟁이 일어날 것을 미리 아시고 제자들에게 이러한 말씀을 남기신 것입니다.

"제자들이여! 그대들은 각자 스스로를 등불로 하고 스스로를 의지처로 하라 남을 의지해서는 안된다. 내 몸을 보고는 그 오예(汚穢: 더러움)를 생각하여 탐(貪)하지 말며 고(苦)도 낙(樂)도 모두가 고(苦)의 인(因)이라고 생각하여 지나치지 말며 내 마음을 관(觀)하고는 그 속에 아(我)가 없음을 생각하여 그것들에게 미혹되어서는 안된다. 그렇게 하면 모든 고(苦)를 끊을 수가 있다. 내가 이 세상을 떠난 뒤에도 이와 같은 가르침을 지킨다면 이 사람이야말로 나의 진실한 제자이다"

부처님은 그의 제자들에게 상기의 말씀을 통해서 너희가 성불을 하려면 내가 가르쳐준 법문(法門) 이외에 다른 어떤 사람들의 말도 믿거나 의지하지 말고 네가 받은 법문만을 등불로 삼고 스스로 노력하라고 하십니다. 또한 내 몸(살과 뼈)은 오예(汚穢), 즉 더럽고 추한 것이기 때문에 내가 죽더라도 내 몸(遺骨)을 탐내거나 우상(偶像)시 하지 말라고 엄히 경고를 하신 것입니다. 왜냐하면 정결하고 거룩한 진신사리(眞身舍利)는 부처님 안에 있는 말씀이지 부처님의 육신(살과 뼈)은 중생들과 같이 더럽고 추하기 때문입니다.

　부처님 안에 계신 말씀(반야)만이 영원한 생명이며 진리입니다. 그런데도 불구하고 부처님의 더러운 유골(遺骨) 때문에 분쟁까지 하며 불에 타다 남은 유골 몇 조각을 절에다 모셔놓고 "진신사리(眞身舍利)"라고 서로 자랑을 하고 있습니다. 부처님께서 임종하시기 전에 내 더러운 몸을 탐하지 말라고 엄히 경고까지 하셨는데도 불구하고 스님들은 부처님의 뼈 몇 조각을 절에다 모셔놓고 서로 진신사리라 자랑을 하며 그 사리를 이용하여 자신들의 욕심을 채우고 있는 것입니다.

　이 모두가 스님들안에 있는 욕심과 탐심 때문입니다. 부처님의 진정한 "진신사리(眞身舍利)"는 불에 타다 남은 뼈 조각들이 아니라 부처님의 입에서 나오는 말씀을 말합니다. 즉 오늘날의 진정한 "진신사리(眞身舍利)"는 법당(法

堂)이나 탑(塔)속에 모셔놓은 사리가 아니라 오늘날 살아계신 부처님(生佛)의 입에서 나오는 화두(話頭)의 말씀을 말합니다. 그러므로 오늘날 스님들은 부처님의 유골(遺骨)이나 돌부처를 절 당에 모셔 놓으려 하지만 말고 오늘날 살아계신 부처님을 모셔야 합니다.

이어지는 부처님의 말씀은 불자들에게 다가오는 괴로움이나 즐거움, 즉 화(禍)나 복(福)도 고통의 원인이기 때문에 화(禍)나 복(福)에 너무 집착하지 말고 자신의 존재를 알기 위해 힘쓰라는 말씀입니다.

왜냐하면 생로병사(生老病死) 속에 윤회(輪廻)하는 "나(自我)"는 "참 나(眞我)"가 아니며 해탈하여 부처가 된 영원한 생명만이 "참 나(眞我)"이기 때문입니다. 부처님께서 이런 말씀을 유언(遺言)으로 하신 이유는 오늘날 불자들이 거짓 부처나 욕심 많은 패역(悖逆)한 스님들에게 미혹되어 이용당하지 말고 오늘날 살아계신 부처님(生佛)을 찾아서 올바른 가르침을 받아 해탈을 하라는 뜻입니다.

부처님께서는 올바른 진신사리(眞身舍利)를 가지고 무명의 중생들을 가르치고 깨닫게 하여 미혹된 길에서 벗어나게 해주는 자가 바로 나의 제자라고 말씀하고 있습니다.

그러므로 모든 불자들은 이제부터 불교의 교리와 제도

의 틀에서 하루속히 벗어나 부처님의 말씀으로 돌아가야 합니다.

 그보다 더 중요한 것은 오늘날 살아계신 생불(生佛)을 찾아서 올바른 가르침을 받아야 합니다. 그것만이 생로병사(生老病死)의 윤회(輪回) 가운데서 벗어나 해탈(解脫)을 할 수 있는 유일한 길입니다.

25

복전함(福田函)

오늘날 스님들이
부처님께 시주(施主)를 해야 복을 받아 행복하게 잘 살 수 있다고
복전함(福田函)까지 만들어 놓고 시주(施主)를 하라고 하는 것은
불자들에게 욕심을 불어넣는 처사(處事)입니다.

복전함 (福田函)

    절에 가면 어느 절이나 부처님 앞에 복전함(福田函)이라는 상자가 놓여있는 것을 볼 수 있습니다. 복전(福田)이라는 뜻은 복덕(福德)을 생산하는 밭이라는 의미입니다. 즉 이 복전함(福田函)에 시주(돈)를 하면 그 공덕(功德)으로 부처님께 복을 받아 행복하게 잘 살 수 있다는 것입니다. 그러므로 불자들이 법당(法堂)에 들어가 부처님 앞에서 절을 올리기 전에 먼저 복전함(福田函)에 시주(돈)부터 하는 것입니다. 그러면 시주(돈)를 한 만큼 부처님께서 복을 주셔서 행복하게 잘 살수 있다는 것입니다.

    이러한 현상은 교회를 가도 볼 수 있는데 목사님들이 하나님께 헌금(돈)을 드리면 하나님께서 삼십 배 육십 배 백 배로 갚아 주시며 소득의 십일조를 내면 하늘 문을 열고 복을 쌓을 곳이 없도록 부어 주신다는 것입니다. 이렇게 절에 가나 교회를 가나 만신 집을 가나 모두 복을 강조하여 시주를 하게 만드는 것입니다.

    그러면 부처님이나 예수님은 한 결 같이 돈을 내면 복을 주시고 돈을 내지 않으면 복을 주지 않는다는 것입니다.

그런데 불경(佛經)을 보면 부처님께서 돈을 시주(施主)하면 복을 주신다고 말씀하신 적도 없고 또한 부처님께서 돈을 시주한 불자들에게 복을 빌어준 적도 없다는 것입니다.

부처님은 대자대비(大慈大悲)로 모두에게 자비(慈悲)를 베푸시는 분이시며 또한 스님들이나 불자들에게도 자비(慈悲)를 베풀고 살라고 가르쳐주신 분입니다.

부처님께서 이 세상에 오신 것은 탐(貪), 진(嗔), 치(癡)로 죽어가는 무명(無明)의 중생들을 말씀으로 제도(濟度)하고 살려서 영원한 생명을 주시러 오신 분입니다. 즉 부처님은 욕심 때문에 죽어가는 무명의 중생들에게 욕심을 버려야 영원한 생명을 얻어 평안하고 행복하게 살수 있다고 가르쳐 주신 것입니다.

그런데 오늘날 스님들이 부처님께 시주(施主)를 해야 복을 받아 행복하게 잘 살 수 있다고 복전함(福田函)까지 만들어 놓고 시주(施主)를 하라고 하는 것은 불자들에게 욕심을 불어넣는 처사(處事)입니다. 그보다 더 심각한 것은 오늘날 큰 절이나 유명사찰에 가면 절 입구에서 입장료를 받기 때문에 돈이 없는 사람은 절에 들어가지도 못하고 돌아가는 것을 볼 수 있습니다.

부처님이 계신 절은 돈이 없으나 있으나 그리고 굶주린

사람이나 헐벗은 사람이나 할 것 없이 모두 받아들여야 하며 자비를 베풀어야 하는 곳입니다.

그런데 일부 절에서 무엇 때문에 무슨 이유로 절에 오는 사람들에게 돈을 받는지 도저히 알 수가 없습니다. 불자들이 불교는 자비(慈悲)의 종교로 스님들은 부처님의 뜻에 따라 돈 없고 헐벗은 사람을 도와주며 자비(慈悲)를 베풀고 있는 분들이라 믿고 있습니다. 그럼에도 불구하고 일부 절에서는 이제 돈이 없으면 절에도 아예 들어오지 못하게 하는 타락(墮落)한 종교로 변해버린 것입니다.

절은 어느 절이나 스님들이 돈을 투자해서 불사를 건축한 것이 아니라 모두 불자들이 시주를 한 돈으로 건축한 것입니다. 이렇게 절은 불자들이 시주를 하여 부처님의 뜻에 따라 건축된 것이기 때문에 스님들은 절에 들어오는 사람들에게 입장료를 징수(徵收)해서는 절대로 안되는 것입니다. 왜냐하면 스님들은 부처님의 뜻에 따라 중생들의 영혼을 제도(濟度)하며 불쌍한 사람들에게 자비(慈悲)를 베풀며 누구나 도와주어야 하는 분들이기 때문입니다.

그런데 스님들이 절이나 부처님을 이용하여 돈을 치부(致富)한다면 어떻게 불교가 자비의 종교라 말할 수 있겠습니까? 이것은 절이 아니라 부처님을 빙자(憑藉)하여 사업을 하는 기업체요 스님은 자비를 베푸는 스님이 아니라 스님의 가면을 쓰고 부처님을 이용하여 자기 욕심을 채우는 장사꾼과 다름이 없는 것입니다. 그러므로 이제 절도 스님도 부처님 앞에서 참회(懺悔)를 하고 본연(本然)의 자세로 돌아가서 부처님의 뜻을 올바로 행해야 한다고 생각합니다. 그러면 이제 부처님이 말씀하시는 복전함(福田函)의 실체가 무엇인지 그리고 복전함(福田函)에 감추어진 화두(話頭)의 비밀은 무엇인지를 알아보기로 하겠습니다.

부처님이 말씀하시는 진정한 복은 세상에서 잠시 있다가 썩어 없어질 세상의 복이 아니라 하늘의 복인 부처님의 영원한 생명이며 부처님의 입에서 나오는 말씀을 말하고 있습니다. 때문에 복전함(福田函)은 돈을 담아 놓는 돈 통이 아니라 부처님 자신을 말씀하고 있는 것입니다. 이렇게 복전함(福田函)의 실체는 부처님 자신이며 따라서 부처님은 영원한 복인 진리의 말씀을 중생들에게 주어 영원한 생명과 더불어 평안과 행복을 주시는 것입니다.

그런데 오늘날 몰지각한 스님들이 거룩한 부처님을 돈을 집어넣는 복전함으로 만들어놓고 "복을 생산하는 밭"이라 미혹(迷惑)하면서 복을 받으려면 복전함(福田函)에 시주(施主)를 하라는 것입니다. 이것은 오늘날 스님들이 부처님을 기업주로 만들어 놓고 부처님을 이용하여 종교사업을 하고 있는 형상입니다.

　그러므로 이제 스님도 불자들도 모두 참회(懺悔)하고 부처님의 뜻에 따라 신앙생활을 올바로 해야 합니다. 그러면 부처님께서 자비로운 마음으로 모든 죄를 용서해주시고 영원한 평안과 행복을 주실 것입니다.

26
정한수(淨寒水)

정한수(淨寒水)는
중생들이 날마다 먹는 생수가 아리라
감로수(甘露水), 즉 부처님의 거룩한 말씀을
화두(話頭)로 말씀하고 있습니다.

정한수(淨寒水)

　정한수(淨寒水)는 물이 오염(汚染)되거나 가열이 되지 않은 상태의 정결(淨潔)하고 찬 물, 즉 수돗물이나 우물물이 아니라 샘에서 흘러나오는 맑고 깨끗한 생수를 말합니다. 정한수(淨寒水)는 불자들이 절에서 아침마다 부처님 전에 올리는 공양(供養)인데 예전에는 가정에서도 여인들이 자기가 원하는 소원을 빌 때도 정한수(淨寒水)를 떠 놓고 자신이 믿고 섬기는 신(神)에게 기원(祈願) 하는 것을 볼 수 있었습니다.
　이렇게 불자들은 지금도 부처님께 날마다 정한수(淨寒水)를 올리면서도 왜 부처님께 정한수를 올려야 하는지 그리고 무엇 때문에 부처님께 정한수(淨寒水)를 올려야 하는지 그 의미를 분명히 아는 불자들은 물론 스님들도 별로 없다는 것입니다. 그러므로 불자들은 정한수를 올리기 전에 부처님이 원하시고 받으시는 진정한 의미를 올바로 알아야 합니다.
　정한수(淨寒水)는 중생들이 날마다 먹는 생수가 아리라 감로수(甘露水), 즉 부처님의 거룩한 말씀을 화두(話頭)로 말씀하고 있습니다. 때문에 부처님께서 불자들에게 정한수(淨寒水)를 드리라는 진정한 의미는 부처님의 정결(淨潔)하고 거룩한 말씀을 통해서 자신이 쌓아놓은 고정관념(固定觀念)과 탐(貪), 진(瞋), 치(癡)로 더러워진 마음을 날마다 깨끗이 씻어 정결(淨潔)하게 변화된 마음을 부처님께 드리라는 뜻입니다. 그런데 이러한 부처님의 뜻을 모르니까 자신의 더러운 마음을 부처님의 말씀으로 정결(淨潔)하게 씻을 생각은 하지 않고 날마다 부처님 전(前)에 정한수(淨寒水)만 떠놓고 자기가 바라고 원하는 소원(所願), 즉 욕심을 채워달라고 부처님께 빌고 있는 것입니다.

이렇게 자신이 바라는 욕심, 즉 운수(運輸)대통(大通)이나 만사형통(萬事亨通)을 위해서 부처님께 비는 것은 오히려 죄가 된다는 것을 알아야 합니다.

부처님은 세속(世俗)에서 탐(貪), 진(瞋), 치(癡)로 더러워진 마음을 부처님의 말씀으로 날마다 깨끗이 씻고 정결(淨潔)하게 된 마음을 일부라도 드리라는 것입니다. 이것이 곧 부처님께서 정한수(淨寒水)를 드리라는 진정한 의미입니다. 따라서 오늘날 불자들은 부처님 전에 정한수(淨寒水)만 올릴 것이 아니라 부처님의 말씀으로 깨끗이 변화된 자신의 마음을 드려야 하는 것입니다.

이렇게 불자들이 부처님의 뜻에 따라 날마다 부처님의 말씀을 통해서 더러워진 마음을 깨끗이 씻어 정결(淨潔)하게 된 자신의 마음을 날마다 부처님께 드린다면 언젠가는 반드시 해탈(解脫)하여 부처가 될 것입니다.

그러므로 오늘날 불자들은 오염되지 않은 부처님의 정결한 말씀으로 날마다 자신의 더러운 마음을 깨끗이 씻어 부처님의 마음으로 변화되어야 하는 것입니다.

27
산사(山寺)의 종소리

부처님께서 말씀하시는 진정한 종은
쇠나 주물로 만들어 울리고 있는 종이 아니라
부처님의 말씀을 통해 깨달은 부처님을 말하며
울려 퍼지는 종소리는
부처님의 입에서 나오는 말씀을 말하고 있습니다.

산사(山寺)의 종소리

　산사(山寺)에서 울려오는 종소리는 오늘도 변함없이 새벽을 알리기 위해 짙은 어둠을 헤치고 내려와 중생들의 귓전을 흔들어 깨우고 있습니다. 이렇게 산사에서 울려오는 종소리는 오늘도 깊이 잠들어 있는 중생들의 잠을 깨워 일터로 나가게 합니다. 그러므로 산사(山寺)에서 울려 퍼지는 종소리는 무명의 중생들에게는 너무나 고맙고 감사한 것입니다. 이렇게 울리고 있는 산사의 종들은 불자들의 시주(施主)를 모아 스님들에 의해 만들어진 것인데 스님들은 잠든 중생들을 깨우기 위해 오늘도 변함없이 종을 울리고 있는 것입니다.
　그런데 부처님께서 말씀하시는 진정한 종은 쇠나 주물로 만들어 울리고 있는 종이 아니라 부처님의 말씀을 통해 깨달은 부처님을 말하며 울려 퍼지는 종소리는 부처님의 입에서 나오는 말씀을 말하고 있습니다. 왜냐하면 부처님의 입에서 나오는 말씀만이 잠든 영혼을 깨울 수 있고 무명의 중생을 깨닫게 하여 부처를 만들 수 있기 때문입니다. 이렇게 사람이 만든 종들은 육신이 잠들어 있는 사람을 깨워 일으키지만 부처님의 말씀은 잠자고 있는 영혼을 깨워서 그 영혼을 살리고 있는 것입니다.

즉 죽은 영혼을 구원(제도)하고 살려서 부처를 만든다는 뜻입니다. 그런데 오늘날 불자들은 산사(山寺)의 종소리나 스님들이 전하는 말씀에는 귀를 기울이지만 오늘날 깨달아 오신 부처님의 말씀은 모두 외면을 하고 있는 것입니다. 때문에 오늘날 살아계신 부처님은 사람들이 만들어서 법당(法堂)에 모셔놓은 불상들과 스님들이 만들어 울리고 있는 종소리에 밀려나 지금도 집없는 나그네처럼 외롭게 이리저리 떠돌고 있는 것입니다. 오늘날 살아계신 부처님은 산사에서 울리는 종처럼 어둠을 향해 달려가는 불자들을 향해 지금도 외롭게 홀로 외치고 계십니다.

그러나 이렇게 외치고 있는 오늘날 생불(生佛)의 말씀에 귀를 기울이는 스님도 없고 불자들도 없다는 것입니다. 때문에 오늘날 불자들에게 오신 부처님은 지금도 석가모니 부처님과 같이 "나는 천상천하(天上天下) 유아독존(唯我獨尊)이라"고 한탄하시면서 쓸쓸히 한숨짓고 계십니다.

부처님께서 말씀하신 "천상천하(天上天下) 유아독존(唯我獨尊)"이라는 말은 자신이 가장 위대한 존재라는 뜻이 아니라 하늘 위와 하늘아래 깨달은 부처가 하나밖에 없어 외롭고 고달프다는 뜻입니다.

　이렇게 오늘날 불자들에게 찾아오신 부처님은 지금도 스님들과 불자들에게 이단(異端)이라고 외면을 당하며 멸시(蔑視)와 천대(賤待)를 받고 있는 것입니다. 그러나 오늘날 불자들이 해탈(解脫)하여 부처가 되려면 반드시 오늘날 살아계신 생불을 찾아 그의 가르침을 받고 수행을 해야 합니다. 왜냐하면 생불(生佛)이 아니면 법당(法堂)에 모셔놓은 불상이나 아직 깨닫지 못한 스님들은 해탈을 시키거나 부처를 만들지 못하기 때문입니다.

　그러므로 해탈(解脫)을 위해 진리를 찾고 있는 오늘날의 불자들은 하루속히 불교의 의식(儀式)과 기복(祈福)의 틀에서 벗어나 오늘날 살아계신 부처님을 찾아가야 합니다. 그러면 반드시 오늘날 살아계신 생불(生佛)을 만나게 될 것이며 또한 생불의 가르침에 의해 해탈(解脫)도 될 것입니다.

　저자는 이글을 청종(聽從)하신 분들이 부처님의 뜻을 올바로 알았다면 이제 불교의 의식(儀式)과 기복(祈福)신앙에서 하루속히 벗어나 부처님의 말씀에 따라 올바른 수행(修行)을 하여 모두 부처가 되기를 바라는 바입니다.

의증서원 도서안내

✤ 반야심경 (반야심경 해설서)
　　글/도암 336쪽 /신국판 양장 정가 20.000원

✤ 금강경 (금강경 해설서)
　　글/도암 668쪽 /신국판 양장 정가 30.000원

✤ 전생과 윤회(부처님의 전생이야기)
　　글/도암 324쪽 /신국판 정가 13.000원

✤ 사랑이 머무는 곳
　　글/이명자 195쪽 /4x6(칼라)판 정가 9.000원

✤ 성경에 나타난 전생과 윤회
　　글/둘로스 데우.C 305쪽 /신국판 정가 12.000원

✤ 영으로 기록한 답변서(이병철 회장의 24가지 질문)
　　글/둘로스 데우.C 364쪽 /신국판 정가 18.000원

✤ 불교와 기독교의 허구와 진실
　　글/둘로스 데우.C 391쪽 /신국판 정가 22.000원

✤ 사와 생
　　글/둘로스 데우.C 304쪽 /신국판 정가 8.000원

불교의식 속에 감추어진
화두의 비밀

초판 1쇄 2013. 10. 18

글쓴이 · 도암
펴낸이 · 이용재
발행처 · 의증서원
등록 · 1996. 1. 30 제5-524

도서출판 의증서원
서울시 동대문구 답십리 5동 530-11 의증빌딩 4층
대표전화 · 02)2248-3563 . 팩스 · 02)2214-9452

우리은행 812-026002-02-101 · 예금주 이용재
www.ejbooks.com

정가 18,000원